AF548211

„... Gustav Nagel war seit der Jahrhundertwende bis zu Beginn der 30er Jahre durch sein Auftreten und seine kultur- und lebensreformerischen Bestrebungen einer der bekanntesten religiösen Wanderprediger Deutschlands. Er gehört zweifellos zu den bedeutendsten utopischen Pionieren alternativer religiöser Erneuerungsbewegungen. Die Presse hat sich in unzähligen Artikeln mit ihm beschäftigt. Eine Religionsgemeinschaft im eigentlichen Sinne gründete er nicht. Sein Grundstück in Arendsee hatte er gemäß seinen Ansichten gestaltet.

... Auf dem Hintergrund der neueren 'alternativen Welle' dürfte Gustav Nagel nicht nur als berühmte Kuriosität interessant sein."

Doz. Dr. habil. Helmut Obst
Martin Luther Universität
Halle-Wittenberg

Beiträge zur Kulturgeschichte der Altmark und ihrer Randgebiete

Bd. 6

dr. ziethen verlag
Oschersleben

Reno Metz und Eckehard Schwarz

gustaf nagel – der barfüßige Prophet vom Arendsee

Eine Lebens- und Wirkungsgeschichte

dr. ziethen verlag
Oschersleben

Für den Umschlag wurden eine Postkarte Gustav Nagels und eine Fotografie des Sterbekreuzes Nagels aus dem Archiv von Reno Metz und Eckehard Schwarz verwendet

Die Deutsche Bibliothek - CIP-Einheitsaufnahme

Die Cip-Einheitsaufnahme liegt in der Deutschen Bibliothek Frankfurt am Main bzw. der Deutschen Bücherei Leipzig vor.

Friedrichstraße 15a, 39387 Oschersleben
Telefon 03949 - 4396, Fax 500 100
2001

Satz & Layout dr. ziethen verlag
Satz mit QuarkXPress auf Macintosh
Druck Grafisches Centrum Cuno, Calbe
ISBN 3-935358-16-4
Gedruckt auf umweltfreundlich gebleichtem Papier.

1 In der Geborgenheit der Familie

Es war Sonnabend, als am 28. März 1874 Karl Gustav Adolf Nagel in eine „gutbürgerliche" Ackerbürger- und Gastwirtsfamilie hineingeboren wurde. Die ersten Sonnenstrahlen des nahenden Frühlings verzauberten das kleine, etwas abseits vom Weltgeschehen gelegene Elbestädtchen Werben, und niemand ahnte, daß an diesem Tag eine der bekanntesten, aber auch umstrittensten Persönlichkeiten der ersten Hälfte des zwanzigsten Jahrhunderts in Deutschland geboren wurde.

Das Geburtshaus Gustav Nagels, „Der weiße Schwan" in Werben

Wie in der Altmark üblich, wurde der kleine Gustav, auf diesen Rufnamen hatten sich die glücklichen Eltern Carl Friedrich Ludwig Nagel und seine Frau Louise geb. Hennings zuvor geeinigt, am 8. Mai 1874 von Pfarrer Bunk in der Werbener Johanniskirche evangelisch getauft. Als Taufzeugen sind Frau Ackerbürger Köhn, Frau Schulz, Jungfrau Charlotte Kierstedt und Uhrmacher Richard im Taufregister genannt.

Vater Carl Friedrich Ludwig Nagel wurde am 31. Juli 1833 in Seehausen i.d. Altmark geboren und hatte gerade sein 40. Lebensjahr vollendet. Er war ein erfolgreicher Geschäftsmann und führte bereits über zehn Jahre seine Gastwirtschaft. Im Jahre 1863 hatte er unter großen finanziellen Anstrengungen das alte Haus in der heutigen Friedrich-Engels-Straße 1 unweit des Werbener Marktplatzes gekauft, zum Teil abgerissen und ein neues, größeres Gebäude mit Gasträumen, Wohnung sowie Ställen und Scheune im Hinterteil an derselben Stelle errichtet. Noch heute ist das Wohnhaus vorhanden, und im Westgiebel sind die Initialen C.N. für Carl Nagel als Abschluß der Zugankereisen deutlich zu erkennen.

1864 eröffnete er „C. Nagels Gasthof", aus dem später die gutgehende Bauernwirtschaft und Ausspannung „Zum weißen Schwan" wurde.

Nagels Mutter Louise wurde als Tochter des Ackermanns Christian

Gustav Nagels Schwester Maria Luise Nagel

Hennings am 11. Oktober 1836 im nahe Arendsee gelegenen Gestien geboren. Sie verlor schon früh ihre Mutter Anna Katharina Dorothea. Bei Gustavs Geburt war sie bereits 37 Jahre alt, als sie ihn als achtes Kind nachts um ein Uhr zur Welt brachte.

Gustav Nagel war das jüngste Kind und als Nesthäkchen natürlich auch der Liebling seiner Mutter. Von seinen sieben Geschwistern waren vier bereits kurz nach ihrer Geburt verstorben. Sein 1866 geborener ältester Bruder lebte später als Kaufmann in Danzig. Eine 1868 geborene Schwester blieb in Werben und heiratete hier den angesehenen Schiffseigentümer Karl Friedrich Hünemörder. Nagels am 13. Januar 1873 geborene zweite Schwester Luise war als Kind ein sehr aufgewecktes und lernbegieriges Mädchen. Für die Familie unbegreiflich, litt sie in der Jugend immer mehr unter „hysterischer Verrücktheit", wie der Irrenhausdirektor von Uchtspringe/Altmark die Krankheit 1902 bezeichnete. 1906 nahm sie sich in der Elbe das Leben.

Gustav Nagel machte das Leben in der Irrenanstalt, das er während der Besuche seiner Schwester kennenlernte, panische Angst. Sein ganzes Leben lang kämpfte er dagegen an, als „verrückt" abgestempelt zu werden, um nicht in die Nervenheilanstalt zu müssen. Wie wir später noch erfahren werden, war seine Angst vor Uchtspringe nicht unbegründet.

Über seine Kindheit ist nur wenig bekannt. Er besuchte bis zum Abschluß der achten Klasse die kleine Stadtschule seiner Heimatstadt. Hier wurden ihm gute Kenntnisse im Rechnen und eine schnelle Auffassungsgabe bestätigt, auch im Zeichnen soll er sehr gut gewesen sein. Nagel selbst äußerte sich nur einmal in seinen Schriften über seine Kindheit und sein angespanntes Verhältnis zu seinem Vater. In den *Sonntags-Blättern* Nummer 22 vom 28. Oktober 1906 schrieb er in seiner eigenen Schreibweise, auf die wir später noch näher eingehen werden. folgendes: *„ich kan mich nicht erinnern das mein leibl. fater mich als kind gezüchtigt hätte, deutlich höre ich noch stokschläge di ein nachbarkind fon seinem fater erhilt weil es mit dabei war als wir im heustal feuer anmachten, ich als hauptanstifter erhilt nicht den geringsten ferweis, unsere unschuldige dinstfrau muste meine schuld tragen. nicht eine einzige erinnerung lebt in mir das mein leibl. Fater mir libesgaben geschenkt hätte; zum lezten weinachten der schulzeit war mein inniger wunsch eine ur, der lere weinachtstisch brachte di enteuschung, meine altersgenoßen aber hatten eine neue ur ... tausende male bin ich zu meinem leibl. Fater in kindlicher libe ge-*

eilt, immer wider stis er mich ab, 'ir müst erst ferhungern, dan bin ich euer liber fater', das ist sein grundsaz."

An anderer Stelle in diesem Brief schrieb er weiter: „*dabei sagte auch meine schwester* (Luise d.A.) *unsere eltern haben es nicht ferstanden libe in uns zu wekken*".

Ob, wie vielfach vermutet, der junge Nagel den Berufswunsch Pfarrer hatte, ist nicht nachzuweisen. Sein Vater zog für ihn jedoch eine kaufmännische Lehre vor, sind doch auch sein Bruder und seine ältere Schwester in dieser Richtung erzogen worden. Doch schon sehr früh hat sich Gustav Nagel für einen anderen Weg entschieden – in seiner „Berufung" schreibt er später jedenfalls: „*als noch einfältiger junge erzälte ich einst meiner Mutter das ich einmal von ort zu ort zien und fortrege halten werde und fil folk zu mir kommen wird.*"

Doch wie in so vielen anderen Familien auch, wurde er erst einmal das, was ihm sein Vater zugedacht hat – Kaufmann. Nach der Konfirmation und dem Schulabschluß begab er sich kurz nach Ostern des Jahres 1888 in die Lehre zu dem bekannten Arend-

Gustav Nagel (l.) noch im „bürgerlichen" Anzug beim Antritt seiner Lehre in Arendsee, Bildmitte sein Vater Carl Nagel, rechts sein Schwager Karl Friedrich Hünemörder

seer Kaufmann Albrecht. Er lernte schnell, unterstützt von seiner Mutter, mit Geld umzugehen. Doch dieser ungeliebte Beruf machte Gustav Nagel immer weniger Spaß, und so war es für ihn fast ein „Glück", daß er schon zwei Jahre später die Lehre abbrechen mußte, da er an einer Wollallergie sowie chronischen Nasen- und Rachenkatarrhen litt. Weiterhin bestand auf Grund seines geringen Körpergewichtes der Verdacht auf Tuberkulose oder gar Schwindsucht.

Die Allergien verhinderten auch seinen Wehrdienst, denn er erhielt am 10. Juli 1894 den Ausmusterungsschein, der ihm später den Einsatz an den Fronten des Ersten und Zweiten Weltkriegs ersparte. Doch behinderten ihn seine körperlichen Gebrechen sehr. Er konnte nicht arbeiten, und auch die zahlreichen Ärzte, die er konsultierte, konnten seine Krankheiten kaum lindern. So ließ sein Vertrauen in die damalige Schulmedizin immer mehr nach, und er beschäftigte sich mit den verschiedenen Methoden der Naturheilkunde, die gerade durch zahlreiche Veröffentlichungen über die Lehren und Heilerfolge von Pfarrer Kneipp in Wörishofen oder Friedrich Eduard Bilz in Dresden sehr bekannt waren. Er stellte seine Lebensgewohnheiten völlig um, wurde Vegetarier und begann, sich seiner Kleider zu entledigen, die Haare ließ er lang wachsen.

Jahre später schrieb er über diese Zeit: *„Schon als Kind leidend, machte ich als Mann verschiedene Krankheitsstadien durch, welche solch einen Höhepunkt erreichten, daß ich jahrelang die Verzweiflung um mich hatte, und mit 20 Jahren, als ich mich zum Soldat werden stellen mußte, das reinste Skelett war.*"

Die Freude über die Linderung seiner Leiden, die er ausschließlich auf seinen neuen Lebenswandel zurückführte, schlug jetzt ins Extreme bei Nagel um. Er baute sich im Jahre 1890 im „Zühlenschen Tann" zwischen Zühlen und Gestien seine erste Erdhöhle.

Sein gewolltes Aussehen, Auftreten und das Wohnen in dieser Erdhöhle machten ihn im sehr konservativen Arendsee schnell zu einem Außenseiter, der durch allerlei Sanktionen und Schikanen gezwungen werden sollte, Arendsee wieder zu verlassen. So zerstörten Jugendliche mehrfach seine Höhle und wurden ihm gegenüber handgreiflich. Da sein Auftreten nicht in ihr Zeitbild paßte, dichteten die Arendseer Nagel auch noch einen unmoralischen Lebenswandel an. In seiner Höhle sollte er es gleich mit zwei Frauen getrieben haben.

Insgesamt baute Gustav Nagel fünf Erdhöhlen als Wohnunterkunft an den verschiedensten Stellen im Wald östlich von Arendsee. Immer öfter wurde er jetzt auch von Bürgern der Stadt besucht und den Gästen als „Attraktion" gezeigt. Von offizieller Seite wurde er immer mehr bedrängt, dieses Leben aufzugeben. Allerdings stellte Nagel mit Erstaunen fest, daß es ihm gesundheitlich besser ging als in „normalen" Wohnungen.

Als er seine zweite Erdhöhle im Jahre 1897 unweit des Arendseer Schützenhauses baute, war er anfangs noch voller Hoffnung, daß er dort länger als in der ersten Höhle wohnen könne. Doch er hatte sich getäuscht. Sie wurde ebenfalls zerstört. Paradiesvögel, die in irgendeiner Art und Weise anders waren als die Einheimischen, wurden nur sehr selten geduldet, nicht in Arendsee und auch nicht in anderen Orten des alten Preußens. Nagels Wohnbehausung wurde mehrfach zerstört, doch traf ihn diese Tatsache bei weitem nicht so hart wie der Tod seiner Mutter am 28. April.

Die dritte Erdhöhle erbaute er 1900 auf dem Sedanberg in der Nähe der ehemaligen Gaststätte „Jonas", eine vierte Wohnhöhle errichtete er in einem Waldstück nahe Leppin. Der Standort der fünften Erdhöhle, die in seinen Schriften erwähnt wird, ist nicht bekannt. In der *Arterner Zeitung* vom 28. April 1900 finden wir folgenden Hinweis auf die Erdhöhlen: *„Der Naturmensch Gustav Nagel, der bekanntlich in Leppin bei*

Arendsee eine Erdhöhle hat, hat diese bezogen und lebt darin, ohne daß ihn die Behörde in seinem Eremitenleben bisher gestört hat. Daß Nagel die eisigen Nächte in der Höhle zubringen konnte, ist ein Beweis von der abgehärteten Natur dieses Mannes. Vor der Höhle ist ein 'Opferstock' in Gestalt einer großen Sparbüchse angebracht, die dem Menschen eine gute Einnahme bringt. Es sollen ihm die Osterfeiertage von den Besuchern etwa 120 Mark eingebracht haben."

Je länger er in diesen Erdhöhlen lebte, um so größer wurde sein Interesse an der Naturheilkunde. Er begann, offen über seine Erfahrungen mit dieser noch recht jungen Lehre zu sprechen und merkte bald, daß es immer mehr Leute wurden, die ihm zuhörten. Neben den Erkenntnissen aus eigener Erfahrung enthielten Nagels Reden und spätere Lehren jetzt immer deutlicher einen christlichen Aspekt, der zur wichtigsten Triebfeder seines Handeln werden sollte. Sein Vater hat die Aktivitäten des „Nesthäkchens" nie richtig verstanden und als „überzogenen religiösen Eifer" abgetan.

Doch wie schon erwähnt, hatte er in dem kleinen, aufstrebenden Badeort Arendsee nicht nur Freunde. Die Belästigungen von Jugendlichen, aber auch von „guten Familien" der Stadt wurden immer bedrohlicher, und so manches Mal konnte er froh sein, daß nur seine Behausung verwüstet wurde und er mit heilen Knochen davon kam. Etwas verbittert begab sich Gustav Nagel daher 1898 auf Wanderschaft, sicherlich hier bei seiner ersten Wanderung noch etwas ängstlich und ziellos, doch werden es gerade diese Wanderungen später sein, die ihn in ganz Deutschland so berühmt machten.

Diese erste Wanderung durch Deutschland nutzte er vor allem, um seine Naturheilkenntnisse zu verbessern. Vielleicht hatte er dabei auch einen anderen Einwohner der Stadt Arendsee im Sinn, als er von Arzt zu Arzt wanderte und sich mit medizinischen Dingen beschäftigte. Der bekannteste Wanderarzt Deutschlands, Johann Andreas Eisenbarth, lebte um das Jahr 1717 ebenfalls in Arendsee. Auch er war kein Doktor der Medizin und hatte seine überragenden medizinischen Fähigkeiten vor allem durch praktische Arbeit bei Kollegen erlernt.

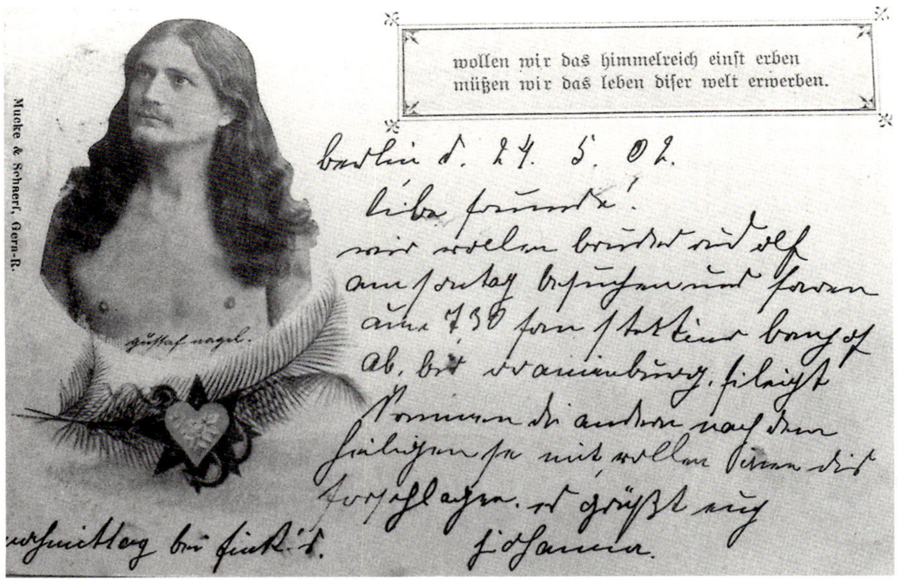

Motivkarte mit Gedicht aus dem Jahre 1902

In diese Zeit fällt auch das endgültige Herausbilden der ganz eigenwilligen Schreibweise Nagels, die uns mit einem zeitlichen Abstand von fast einem Jahrhundert und der neuen Rechtschreibreform gar nicht mehr so sehr unlogisch erscheinen mag. Obwohl viele Nagelfreunde davon ausgehen, daß er seine Art zu schreiben von sich aus ohne äußere Einflüsse „erfunden“ hat, bleibt anzumerken, daß bereits mehrere Menschen, vorwiegend die modernen Literaten Anfang des 20. Jahrhunderts in Deutschland, sich mit dieser Schreibweise nach dem Grundsatz „Schreib wie du sprichst“ auseinandersetzten und auch Werke in derselben Schreibweise veröffentlicht wurden.

Sie waren im *„ferein für fereinfachte schreibweise“* locker organisiert. Mehrere Beispiele sind besonders bei den Dada-Anhängern der Künstlerkolonie auf dem Monte Veritas bei Ascona oder aber auch bei deutschen Lebensreformern wie zum Beispiel Josef Weißgärber zu finden. Im Gegensatz zu vielen anderen blieb jedoch Nagel dieser eigenwilligen Schreibweise, von einigen Ausnahmen abgesehen, bis zu seinem Tode treu. Er schrieb grundsätzlich alles klein und so, wie er es sprach. Die Buchstaben q, v, x sowie y ließ er ganz weg. In seiner Schrifterklärung zum Buch *„mein testament“* schrieb er 1920: *„alles was gedent gesprochen wird, wie er = er, her = her, dir = dir, im = ihm, ir = ihr ist gedent geschriben; alles was nicht gedent geschrieben ist, wie her= herr, den = denn, got = gott, wen = wenn, wird kurz ausgesprochen, wodurch die doppelkonsonanten zur bezeichnung der kurzen aussprache überflüßig sind.“*

Die zahlreichen Originaltexte in diesem Buch sind oft in seiner eigenwilligen Schreibweise wiedergegeben und daher für den Betrachter etwas ungewohnt zu lesen. Da sie jedoch Nagels Schreiben so charakteristisch machten, wurde auf eine „Übersetzung“ überwiegend verzichtet. Gelegentlich sind Nagelsche Texte aber auch nur in amtlichen Übersetzungen erhalten geblieben. So pflegte der Arendseer Bürgermeister Nagels Briefe an ihn sich erst in gewohnte deutsche Schriftsprache „übersetzen“ zu lassen.

Die Kinder Nagels und seine drei Frauen schrieben nachweislich nicht in seiner Schreibweise sondern ihre Korrespondenz im „normalen“ Deutsch.

2

Die frühen Wanderjahre und die Reise nach Jerusalem

gustaf nagel
winter 1902/3 in jerusalem

Ob seine erste Wanderung 1898 eine geplante Reise war oder aber eine Flucht aus Arendsee, läßt sich heute nicht mehr nachvollziehen. Es deutet jedoch vieles auf das letztere hin, da er auch 1899 beabsichtigte, sich in Rathenow niederzulassen.

Nagel nutzte diese Zeit vor allem zu Besuchen bei Ärzten in Erfurt, Dresden, Halberstadt und Rathenow. In Rathenow machte er auch eine weitere Erfahrung, die ihn immer wieder in ganz unterschiedlichen Situationen ereilte: Er mußte ins Gefängnis. Durch seine für diese Zeit sehr ungewöhnliche und spärliche Bekleidung (er ging mit freiem Oberkörper) wird er wegen Erregung öffentlichen Ärgernisses für mehrere Tage ins Gefängnis gesteckt.

Weitere Reisen führten ihn in den Jahren 1900/1901 nach Thüringen und Franken.

Nicht nur wegen seines Aussehens, sondern auch wegen seiner im wahrsten Sinne des Wortes „Volksreden", mißfiel er immer wieder der Obrigkeit und – da diese Reden auch noch einen sehr christlichen Inhalt hatten – natürlich auch der Kirche. Er hatte jedoch auch zwei wichtige Helfer in jener Zeit. Zum einen hatte er keine Mühe, durch sein Auftreten sehr viele Zuhörer anzulocken, zum anderen wurden die Zeitungen jener Tage auf ihn aufmerksam. Diese Zeitungen mit ihren kurzen Artikeln waren es, die ihn bekannt machten. Ob beabsichtigt oder nicht, Gustav Nagel wurde zu einer Sensation aufgebaut, und schon bald war er in ganz Deutschland ein Begriff. Die unbeabsichtigte, aber beiden Seiten helfende Zusammenarbeit zwischen Gustav Nagel und den Journalisten funktionierte über vierzig Jahre hinweg. Er sorgte immer wieder für die richtigen Schlagzeilen, und sie machten ihn bekannt.

Obwohl Gustav Nagel lange Zeit ein brieflicher Kontakt zu Pfarrer Kneipp in Wörishofen nachgesagt wurde, konnte dafür bis heute kein Beweis erbracht werden, vielmehr scheint es so, als ob er einen Großteil seines Wissens über die Naturheilkunde sowie lebensreformerische Lehren bei Friedrich Eduard Bilz kennengelernt hätte. Dieser lebte seit 1890 in Oberlößnitz bei Radebeul und war durch seine naturheilkundlichen Bücher, vor allem durch sein Werk „Das menschliche Lebensglück", sehr bekannt geworden. Besonders seine „Licht-Luft-Bäder" beeindruckten Nagel so sehr, daß er bereits 1903 in Arendsee ein eigenes Luft- und Sonnen-Sanatorium eröffnete.

Im Jahr 1900 scheint die Welt für Gustav Nagel noch in Ordnung gewesen zu sein. Er wohnte bei befreundeten Familien und hielt seine Vorträge über seine Vorstellungen von einer gesunden Ernährung. Der Ehrlichkeit halber muß man sagen, daß nicht alle Zuhörer an das glaubten, was Nagel am Beispiel seines Lebens ihnen erzählte, oft gab es Tumulte oder sogar massive Störungen. Doch nicht diese Übergriffe setzten Gustav Nagel zu, sondern die Entmündigung durch ein ärztliches Gutachten des königlichen Amtsarztes Dr. Mittenzweig aus Berlin sowie durch Dr. Janert/Seehausen. Bereits im Frühjahr hatte das königliche Amtsgericht Berlin eine Untersuchung Nagels veranlaßt, danach hatte der Staatsanwalt die Entmündigung beantragt. Verzweifelt kämpfte Nagel gegen die am 13. August 1900 vom Amtsgericht Arendsee ausgesprochene Entmündigung an, nicht zuletzt wegen der jetzt realen Gefahr der Einlieferung in die Nervenheilanstalt Uchtspringe. Da er in Arendsee kein Gehör fand, wandte er sich an bekannte Ärzte in Berlin, deren Gutachten ähnlich ausfiel wie das des Dr. med. W. Winsch aus Berlin-Halensee:

„Herr Gustav Nagel, der sogenannte Naturmensch aus Arendsee in der Altmark war am Mittwoch, den 30. Oktober d. J. bei mir, um sich von mir auf seinen Geisteszustand untersuchen zu lassen. Ich hatte drei Stunden Gelegenheit mit Herrn Nagel zu sprechen und ihn auch außerhalb meiner Sprechstunde beim Abendbrot im Kreise meiner Familie kennen zu lernen. Dabei zeigte sich, daß dasjenige, wodurch Herr Nagel immer am meisten auffällt, seine Vorliebe für sehr geringe Kleidung, auch in Damengesellschaft gar nicht unangenehm berührt. Herr Nagel ist ein schön gewachsener Mann und trägt seine Nacktheit mit einer solchen natürlichen Dezenz und ohne jeden sinnlichen Anstoß, so daß kein vernünftiger Mensch daran Anstoß nehmen kann. Ist ja doch, wie ein berühmter Arzt mal sagte, nicht das Nackte unsittlich, sondern das Auge des Beschauers.

Im übrigen halte ich Herrn Nagel für einen begabten Menschen; seine Begabung liegt allerdings hauptsächlich auf dem Gebiet des Charakters, wo er sich durch unerschütterliche Freundlichkeit, liebevolles Wesen und Festigkeit auszeichnet. Inbezug auf seinen Verstand ist er ein völlig kindlicher Mensch, was ihn aber durchaus nicht hindert, planmäßig und mit Ausdauer zu handeln und ihn dadurch sehr wohl vom Schwachsinnigen unterscheidet. Sein Gedächtnis ist gut, sein Urteil, seiner Schulbildung und seiner kindlichen Gemütsverfassung entsprechend, vielfach durchaus treffend und originell.

Herr Geheimrath Jolly hat erklärt, daß er an Paranoia (Verrücktheit) leide. Das halte ich aber für durchaus irrtümlich, weil sein 'Wahnsystem' vollkommen realisierbar ist, wie er es ja durch seine Person beweist. Seine Ideen sind freilich bis zu einem gewissen Grade ein schöner Wahn, aber nicht im Sinne des Irrenarztes, sondern ebenso wie die großen religiösen Ideen, die auch praktisch und in ihrem Träger selbst eine vollkommene Verwirklichung gefunden haben; und die Christusähnlichkeit kann doch nicht unbedingt als Stempel der Verrücktheit gelten. Hier gilt es, eine außergewöhnliche Persönlichkeit liebevoll zu erfassen und sie nicht einfach nach der Schablone für verrückt zu erklären. Daß er als Kind an Zuckungen gelitten hat und jetzt noch hin und wieder Hallucinationen hat, beweist nur, daß es sich hier um ein übererregbares Nervensystem handelt, und daß vielleicht väterlicher Alkoholismus hierbei von Einfluß gewesen ist. Der selbe Einfluß hat wohl auch zu der unheilbaren Geisteskrankheit der Schwester geführt. Dieselbe war ein begabtes Kind, in der Schule immer die Erste und ist erst mit der Geschlechtsreife geisteskrank geworden. Daraus folgt aber noch lange nicht, daß auch Herr Nagel geisteskrank sein muß, sondern es handelt sich bei ihm um psychische Abnormität, die sich eben in seinem kindlichen Wesen ausspricht. Herr Nagel ist eben ein sogenanntes Original, ein Sonderling, wie es deren so viele gibt, nur das seine Vorliebe für das Nacktgehen die allgemeine Aufmerksamkeit besonders auf ihn lenken muß. Er macht den Behörden sehr viel Schwierigkeiten und Arbeit und ist daher stets in einer besonderen Gefahr gewesen, für geisteskrank erklärt zu werden, weil man ihn natürlich in guten Glauben gern los werden möchte. Das bezeugt der Wahrheit gemäß Dr. med. W. Winsch, Arzt in Halensee.“

Auch Dr. Weyl schrieb im gleichen Jahr:

„ZEUGNIS – Ich hatte Gelegenheit, mit Herrn Gustav Nagel längere Zeit mich zu unterhalten. Ich bin zu der Überzeugung gelangt, daß pathologische Erscheinungen, die auf eine Hirn- oder Nervenkrankheit hindeuten, nicht vorhanden sind. Seine Anschauungen über naturgemäßes Leben u.s.w. sind eigenartig, doch weit entfernt, deshalb krankhaft zu sein. Von Geisteskrankheit vermag ich keine Spur zu entdecken und halte deshalb eine Entmündung nicht für berechtigt“.

Obwohl Gustav Nagel zwölf solcher Gegengutachten zu seinen Gunsten aufweisen konnte und er durch denselben Kreisarzt des Kreises Osterburg Dr. Janert, der 1900 der Entmündigung zustimmte, sowie durch den Direktor der Landes- und Heilanstalt Uchtspringe Dr. Alt rehabilitiert wurde, ist er den Makel der Geisteskrankheit nie wieder richtig losgeworden. Ein für ihn vernichtendes Gutachten aus dem Jahre 1926 und vom 24. Dezember 1930 von Dr. von Rohden z. B. konnte lediglich mit der Begründung aufwarten, „... *daß politische Kindereien des Herrn Nagel auch in Zukunft zu verhindern seien*“.

Dieses Gutachten brachte Nagel wieder den berühmt-berüchtigten §51 ein, der im Volksmund bis heute „Jagdschein“ heißt. Im Jahre 1933 wandte er sich nochmals an den Direktor der Psychiatrischen- und Nervenklinik der Charité Berlin, Dr. Zutt. Dieser schrieb zwar in seinem Gutachten:

„Diagnostisch unterliegt es keinen Zweifel, daß es sich bei dem heute 59jährigen Patienten um eine geistige Erkrankung handelt. Ob die häufigen Erkrankungen, die er als junger Mensch gehabt hat, Schübe einer damaligen akuten Geisteskrankheit gewesen sind, läßt sich heute nicht mehr mit Sicherheit feststellen. Es ist nicht von der Hand zu weisen, daß es sich damals um eine schizophrene Erkrankung gehandelt hat. Es ist aber auch möglich, daß auf dem Boden einer psychopathischen Konstitution allmählich eine chronische paranoische Wahnbildung sich entwickelt hat. ... Soweit sich das nach den Akten und nach seinen eigenen Angaben übersehen läßt, ist Nagel jederzeit in der Lage gewesen, sich selbst und seine Familie wirtschaftlich zu erhalten. Seine krankhaften Ideen haben ihn nicht daran gehindert, sogar recht gewandt und erfolgreich geschäftlich tätig zu sein. ... Zusammenfassend kommen wir zu dem Ergebnis: Nagel leidet an einer chronischen paranoischen Erkrankung. Diese ist aber nicht derartig, daß die Voraussetzungen des § 104,2 (Geschäftsunfähigkeit d.A.) gegeben sind.“

Die Angst davor, als geisteskrank und damit als unmündig erklärt zu werden, brachte Gustav Nagel arg aus dem seelischen Gleichgewicht. Aber dank seines sehr verständnisvollen Vormundes, des Kaufmanns Ernst Albrecht aus Arendsee, und später auch Herrn Fritz Medenus als Vormund seiner Kinder unterlag sein tägliches Leben keiner wesentlichen Beeinträchtigung. Es ist an dieser Stelle nochmals festzustellen, daß Nagel auf keinen Fall nervenkrank oder unzurechnungsfähig war, er war wie auch andere „Barfüßige Propheten" jener Zeit einfach fanatisch und teilweise sehr übermotiviert. Er traf auf das Unverständnis der Menschen, die in einer Zeit lebten, in der sich alles um eine sehr konservative Grundanschauung drehte. Der Kaiser und später der „Führer" in Deutschland waren fast Heilige, und bedingt durch die politischen und wirtschaftlichen Entwicklungen wurde in den Augen der meisten Bürger Deutschland zu einer Weltmacht. Da kamen plötzlich Menschen wie Gustav Nagel, Gusto Gräser oder die anderen Lebensreformer, Vegetarier, Sonnenanbeter und völkischen Jakobiner mit ihren Welterlöserträumen daher und wollten den Menschen teilweise sehr drastisch aufzeigen, daß sie auf dem falschen Weg waren. Das konnte nicht ohne „Gegenwehr" abgehen.

Da Nagel im Gegensatz zum Beispiel zu seinen Gegenspielern Ludwig Christian Haeusser oder Leonhard Stark sich nicht als „neuer Kaiser" fühlte, versuchte er, gegen die Entmündigungen durch Gegengutachten anzukämpfen. Hierbei unterstützte ihn erstmals auch sein Vater, der im Jahre 1900 die Gastwirtschaft in Werben verkaufte und nach Arendsee in das Haus Seehäuser Straße 17 zog. Er wollte eine Vermittlerrolle in Nagels weiterem Leben spielen, was ihm jedoch nicht gelang.

Noch im Jahre 1900 begann Gustav Nagel eine weitere große Deutschlandwanderung, bei der er neben seinen bekannten Vorträgen auch immer wieder Ärzte konsultierte. Als Beispiele seien hier nur Dr. Schulze und Dr. Hirschberg aus Berlin, Dr. Holz und Dr. Böhm aus Mellenbach und Friedrichroda genannt, die er auf seiner Thüringenwanderung aufsuchte. Doch mehr als durch seine Gutachten überzeugte Nagel durch seine Vorträge. Sein Bekanntheitsgrad, nicht zuletzt durch die zahlreichen Presseberichte bedingt, erreichte einen ersten Höhepunkt. Am 15. Februar war im *Merseburger Kreisblatt* zu lesen: *„Gustaf Nagel, der zu einer gewissen Berühmtheit gelangte Naturmensch, hat gestern Merseburg passiert. Ursprünglich wollte er, von Weißenfels kommend, sich in einem hiesigen Restaurant sehen lassen, es ist indessen nichts daraus geworden."* Bereits am 21. März 1901 stand in der gleichen Zeitung: *„Der Naturmensch Nagel, der den größten Teil der Provinz Sachsen durchstreift und dabei anscheinend keine üblen Geschäfte macht, hat nun auch Merseburg mit seiner Gegenwart beehrt. Heute Vormittag gegen halb 12 hielt der Viel von sich reden Machende seinen 'Siegeszug' durch die Gotthardtstraße"*.

Nagel wohnte im „Gasthof zur Linde". Nach diesem Bericht aß er zum Abendbrot ungekochte Möhren und Kohlrabi und ließ sich, im Stroh sitzend, mit dem Gastwirt fotografieren. Doch schon dem Zeitungsbericht ist zu entnehmen, daß ihn nicht alle Bürger von Merseburg in der Stadt willkommen hießen. Am 22. März setzte Gustav Nagel anonym in das *Merseburger Kreisblatt* die folgende Mitteilung: *„wi wir hörten war gustaf nagel gestern abend zu der fersammlung des fereins für naturgemäße gesundheitspflege eingeladen, erhilt aber als naturmensch keinen einlaß, dagegen fand er freundliche aufnahme im ärzteverein, der seine ferdienste um die menschheit volauf zuwürdigen wußte."*

In jener Zeit muß er auch seinen Mitstreiter Joseph Weißgärber (17.11.1864-19.03.1943) aus Blankenburg/Harz kennengelernt haben. Auch er war wie Nagel ein glühender Anhänger des Vegetariertums, trug Reformkleider, war Antialkoholiker und Befürworter einer naturnahen Lebensweise. Weißgärber war auch ein Anhänger der „vereinfachten Schreibweise“. Er muß von seinem bekannten Vorbild fasziniert gewesen sein, brachte es Nagel bei seinen Vorträgen doch spielend auf eine Zuhörerschaft, von der Josef Weißgärber nicht einmal zu träumen wagte. Auffallend ist, daß sich Weißgärber und Nagel nicht nur in ihren geistigen Bezügen fast vollständig glichen, sondern auch im Aussehen. Weißgärber ging um 1900 ebenfalls nur mit freiem Oberkörper und barfuß, sein Haar trug er schulterlang. Auch er war in der Jugend an Tuberkulose erkrankt und nach der Umstellung seiner Lebensgewohnheiten und dem Umzug in das waldreiche Waldstädtchen von der schweren Krankheit geheilt worden. Obwohl er Mitbegründer der Blankenburger Loge „Harztreue“ der Guttempler am 17. Juli 1910 war, erreichte Josef Weißgärber jedoch nie, auch nicht regional, die Bedeutung von Gustav Nagel. Auch im Museum Casa Anatta auf dem Monte Veritas in Ascona werden beide nebeneinander in der Ausstellung gezeigt.

Zwischen 1901 und 1902 verkaufte Gustav Nagel auf seinen Wanderungen 12.000 seiner Schriften und etwa 50.000 Postkarten. Auch seine Vortragsreihen hatten einen starken Zulauf, so wurde glaubhaft von 1.000 bis 1.500 Zuhörern berichtet.

Anfang des Jahrhunderts konnte man davon ausgehen, daß Gustav Nagel bei seinen Vorträgen, im Gegensatz etwa zu seinem Schaffen um 1924, mehr durch sein Aussehen und durch seine Redekunst die Massen faszinierte, als durch den Inhalt seiner Vorträge.

Überraschender Weise werden gerade seine Auftritte in Berlin immer wieder zu einem „Heimspiel“ für ihn. So hörten ihm im Jahre 1902 in Pohles Festsaal in Spandau sowie in der „Tonhalle“ und in „Buggenhagens Festsaal“ über 1.000 begeisterte Menschen zu. In der *Artener Zeitung* vom 29. November 1900 wird der Besuch Gustav Nagels in Sangerhausen wie folgt beschrieben: *„gustaf nagel, der Naturmensch, ist am Sonnabend Nachmittag hier*

Eine der ersten Karten von gustaf nagel, Porträt um 1900

gustaf nagel in Weimar, 1901

eingetroffen und hat im Püschel'schen Hotel im Neuendorf Quartier genommen. Das genannte Lokal ist natürlich seit Sonnabend förmlich umlagert, denn hier empfängt Nagel Besuche in ansehnlicher Zahl. Unter den Besuchern, denen er viel von seiner naturgemäßen Lebensweise erzählt, verteilt er verschiedene Schriften und seine Ansichtspostkarten. Eine von ihm mitgeführte Fahne trägt das Motto 'ich komme zu euch in friden'. Daß derselbe hier Jemanden zu seiner Lebensweise bekehren sollte, möchten wir doch bezweifeln, denn offen gestanden, friert ein normaler Mensch bei der jetzigen Witterung schon, wenn er den Naturmenschen so in seinem luftigen Kostüm – ein weißes Ledertuch als einzige Bekleidung – vor sich stehen sieht; dann ist aber auch seine Kost von einer Einfachheit, die nicht gut übertroffen werden kann, Obst und Gemüse, roh genossen, bildet, wie er sagt, seine ausschließliche Nahrung. Als Zweck des Herumziehens in Deutschland gibt 'gustaf nagel' in seiner Schrift die Sammlung von freiwilligen Gaben zur Erbauung eines Asyls am Arendsee an, in dem die Bewohner nach seiner Lebensweise und Gewohnheit leben können, eine Idee, die nach den eingehenden Gaben – der gestrige Erlös in unserer Stadt soll über 50 Mark betragen – wohl bald ausführbar sein würde. 'gustaf nagel' beabsichtigt, bis Dienstag hier zu bleiben und dann die Nachbarstadt Artern mit seinem Besuch zu beglücken."

In mehreren Anträgen für die Genehmigung seiner Vorträge legte Gustav Nagel später oft die Abschrift eines Schreibens bei, das einem Urteil des Landgerichts Stendal vom 4. August 1910 entnommen war und beweisen sollte, daß es sich bei den Vorträgen um wissenschaftliche Vorträge handelte und folgenden Wortlaut hatte: *„Das Königl. Landgericht Stendal urteilte unter anderem folgendermaßen: Der Vortrag hatte an sich einen wissenschaftlichen Inhalt, denn die Diät des Menschen und das religiöse Empfinden des Menschen sind Gegenstand wissenschaftlicher Forschungen; wenn nun auch der Angeklagte* (Gustav Nagel d.A.) *seine Wissenschaft nicht durch gelerntes Studium, sondern durch eigene Erprobung erworben hat, so kann man doch nicht sagen, daß deshalb der Inhalt seines Vortrages eines höheren Interesses entbehrt; er bezweckte nicht nur die Belehrung der Zuhörer, sondern war auch objektiv als Ausfluß der Lebenserfahrung eines Menschen auf dem genannten Gebiet geeignet, ein höheres Interesse zu erwecken und nicht bloß die Neugier zu befriedigen; ... gez. Reiche, zugleich für den beurlaubten Landgerichtsdirektor Schulz; Delitzsch.*"

Diese beiden Berichte zeigen das Gustav Nagel oft entgegengebrachte Unverständnis. Die Reaktionen während seiner Vorträge, dieses oft erfahrene Unverständnis und der Kampf gegen seine Entmündigung, brachten ihn immer wieder dazu, trotz der zahlreichen Hörerschaft, über seine „Berufung" nachzudenken. Zu dieser Zeit war es um ihn finanziell sehr gut bestellt – auf seinen Reisen 1901/02 hatte er laut Postquittungsbuch immerhin 3.777,85 Reichsmark eingenommen. Auch bei Freunden hat er noch Geld deponiert, so daß der inzwischen Achtundzwanzigjährige im Sommer 1902 seine wohl berühmteste Wanderung – zu Fuß nach Palästina – antreten konnte. Er war, wie in den Akten aus jener Zeit zu lesen ist, ein sehr hübscher junger Mann, 1,80m groß, mit blauen Augen und immerhin schon 48 cm langen Haaren. Sein Körpergewicht betrug zu dieser Zeit 74,5 kg. Zu Beginn der Reise noch mit einem Hund und einem Esel, die er beide aus dem Berliner Tierheim erhielt, begab er sich auf die Pilgerreise. Über Genthin (hier schon ohne Esel und Hund), Kassel und Ulm erreichte er am 17. November 1902 die seinerzeit bedeutendste Ansiedlung von Lebensreformern, Künstlern und politischen Visionären in Europa auf dem Monte Verita bei Ascona/Schweiz. Diese von allen bedeutenden Außenseitern besuchte Siedlung am „Berg der Wahrheit" war der Sammelpunkt und ein Zentrum für die Utopisten vorwiegend aus Deutschland, die in der Anarchie, Sozialutopie, Seelen-, Lebens-, Geistes-, Körperreform, Psychologie, Mythologie, Tanz, Musik und Literatur an diesem Ort die „Brüste der Wahrheit" verehrten. Es war auch ein Zufluchtsort für Gleichgesinnte, so „floh" z.B. Haeusser, der sich selbst gern als „der größte Erlöser für die mißhandelte Welt sah", nach einem mißlungenen Auftritt in Zürich 1918 nach Ascona, um bei seinem Freund Gusto Gräser Trost zu finden.

Auch Nagel wollte hier unter Gleichgesinnten mit Karl Graeser, Henry Oedenkoven, Ida Hofmann, Walter Hoffmann und vielleicht auch mit dem Urvater der Naturmenschenbewegung, dem Maler Karl Wilhelm Diefenbach, zusammentreffen. Er war, als er auf dem Monte Verita erschien, schon für viele von ihnen eine Berühmtheit und Leitfigur.

Über den Besuch Nagels auf dem Berg schrieb Walter Hoffmann am 21. November 1902 an seine Frau Hedwig: *„Am Tage vor unserer Abfahrt nämlich saßen wir oben auf dem Monte Verita' hübsch beisammen beim Abendbrot, als ein fremder Naturmensch, lediglich mit einem langen Hemde bekleidet, vor der Tür erschien ... Man erkannte ihn aber gleich nach seinen Bildern und rief ihm allgemein 'Gustav Nagel' entgegen. Er befand sich auf der Durchreise nach dem Süden, nach Ägypten und Palästina. Vor einiger Zeit ist er nämlich seines sonderbaren Lebens wegen entmündigt worden, hat seither deswegen viele Scherereien gehabt und bestrebt jetzt, gestützt auf eine Reihe ärztlicher Atteste, u.a. auch von Dr. Winsch, Hirschfeld, Bilfinger, Dr. Spohr, seine Wiedermündigwerdung. Um nun all den vielen Menschen etwas aus dem Wege zu gehen, reist er nach Palästina. Überhaupt ist er sein bisheriges Leben satt. Er hat erreicht, was er in erster Linie nötig hatte, nämlich seine Wiedergesundung nach schwerem Siechtum, hauptsächlich Lungenleiden. War er seiner Zeit so*

gustaf nagel. arendse i altmark

geboren 28, märz 1874 in werben a elbe

schwach, daß man ihn nicht zum Militärdienst nehmen wollte, so hat er jetzt einen famosen Körper. Wirklich tadellose Haut und schöne Muskeln, auch ein hübsches klares Gesicht mit etwas Schwärmer Zügen." An anderer Stelle in demselben Brief schreibt er noch einen interessanten Absatz über Nagels Lebensweise zu dieser Zeit: „*Der Naturmensch Gustav Nagel und viele andere hier geben ja genug Beobachtungsmaterial. Nagel ist doch sicher sehr extrem, aber auch er gibt seiner Zunge, was sie will, d.h. ab und zu Gekochtes.*"

Diese Feststellung läßt ihn unter den Veganern, sie essen nur Pflanzen und pflanzliche Produkte, als „Abweichler" erscheinen. In einer im Museum Casa Ananta auf dem Berg zu sehenden Vegetarierkarte sind Arendsee und damit auch Gustav Nagel nicht vermerkt, in der Altmark hat nur Stendal einen Eintrag.

In *Ascona – Monte Verita* von Robert Landmann (Ullsteinverlag 1981) kann man über den Aufenthalt Nagels in Ascona lesen: „*Eines Tages trat eine merkwürdige Gestalt auf: Gustav Nagel, Liedermacher von Gottesgnaden, der gleichfalls freie Liebe und Orthographie predigte. Trotz empfindlicher Kälte war er barfuß, und trotz Schnee und Sturm hatte er nichts als ein kurzes Hemd an. Die Siedler sahen nicht ohne Neid auf diesen Fortgeschrittenen und schenkten ihm ihre volle Bewunderung. Sie kauften ihm eine große Anzahl Postkarten mit seinem Bild ab und bedienten ihn, als ob er ein Prophet wäre. Er ließ es sich einige Zeit gern und hoheitsvoll gefallen, aber dann trieb ihn Unrast und Kälte weiter. Er löste sich ein Schiffsbillett und wanderte gen Süden.*"

Aber die Ideen und die Lebensweisen des Naturapostels Gustav Nagel entsprachen nicht den Anschauungen Oedenkovens und Ida Hofmanns. Ida schrieb darüber an A. Grohmann: „*die menschen wie nagel, jenasch u.s.w. welche dem angeblichen oder wirklichen 'zurück' zur natur huldigen, haben keine bezihung zum 'monte vertä', henri kan inen darüber des näern berichten. bite nochmals uns nicht als 'naturmenschen' zu bezeichnen, indem wir diese bezeichnung fast gleichbedeutend mit 'urmenschen' betrachten, eine bezeichnung, welche wol nur auf jene zeit bezug haben kan, da die ersten menschen di nakte, d.h. di noch unkultivirte natur u. erde befölkerten.*"

Aus diesen Briefen kann man ersehen, daß die zuerst sehr große Freude über den Besuch des auch in Ascona bekannten Gustav Nagel schon bald in die teilweise Ablehnung seiner Lehren und Anschauungen umschlug. Er selbst erwähnt in späteren Schriften weder seinen Besuch noch die Siedlung auf dem Berg der Wahrheit. Ein weiterer Grund, warum der Aufenthalt Nagels auf dem Monte Veritas nicht so erfolgreich verlief, wie er sich dies sicher vorstellte, mag auch darin gelegen haben, daß ihm seine große Popularität im Weg stand. Wenn auch Oedenkoven, Hofmann, Mühsam und die anderen vielleicht die theoretisch besseren Ideen hatten, so war es vor allem Gustav Nagel, der diese auch deutschlandweit bei der Bevölkerung bekannt machte und der als personifiziertes menschliches Abbild dieser Lehren herumlief. Dies erweckte natürlich auch den Neid der Bergbewohner und die Angst, daß sie, wenn Gustav Nagel auf dem Berg bliebe, was er nicht vor hatte, etwas von ihrer Führungsrolle verlieren würden. Es mußte schon sehr seltsam sein, wenn Henri Oedenkoven durch Bayreuth lief und mit „Gustav Nagel" tituliert wurde oder er auch erfahren mußte, daß die Polizei Nagel in Genua in Gewahrsam nahm und die höchsten Beamten der Stadt ihm ihre Besuche abstatteten. „Nett! Was?", wie Walter Hoffmann in einem Brief dies kommentierte.

Nach einigen Schwierigkeiten an der Grenze, wo man ihn wegen seines Aussehens nicht einreisen lassen wollte, gelangte er doch nach Italien. Über Mailand und Genua erreichte Nagel mit dem Schiff Neapel und am 25. November 1902 Capri, wo er mit dem besonders im süddeutschen Raum sehr bekannten Maler und Vater der Kohlrabiapostel Karl-Wilhelm Diefenbach zusammentreffen wollte. Diese Begegnung mit dem „Übervater" fand aber nicht statt, da dieser zu dieser Zeit nicht auf Capri war..

Noch im Dezember 1902 gelangte Nagel über Port Said nach Alexandria, von wo er sofort weiter nach Jerusalem und Bethlehem wanderte. Hier besuchte er die heiligen Stätten und die Weihnachtsmesse in der Geburtskirche in Bethlehem. Er kam nicht als Tourist, sondern als „sündiger" Pilger.

gustaf nagel in Jerusalem, 1902/1903

Immer wieder warf er sich auf dem Weg von Jerusalem nach Bethlehem in der Wüste in den Staub und betete.

Wie es ihm in Palästina ergangen ist, schilderte er in einem Brief an seinen Vater vom 22. Dezember aus Caipha am Karmel. „*grüß dich got, liber fater, nun bin ich gezwungen, längere zeit in caifa zu bleiben, ich kann der kolera wegen nicht weiter, überal ist abgespert. palästina ist ein land foller dornen und disteln und steingeröl und morast und foller diebe, auch mich versuchte man zu berauben. forgestern begrub man einen ermordeten, mir, der ich allein wandre ging es soweit ganz gut, in einer nacht schlief ich sogar in einer art mohamedanischen tempel, man hält mich algemein zuerst für einen derwisch (mohamedanischer heiliger) auch sonst ist man libevol zu mir. auch unser konsul ist net, ich wone in einem deutschen gasthaus in der deutschen koloni, die deutschen gefallen sich hir ser gut und heimisch und möchten nicht wider fort fon hir, mich aber erfüllt eine kraft, welche mich treibt nach deutschland zurück um dort mit ganzer kraft weiterzuwirken, koste es was es wolle. ... habe schon tüchtig im brausenden mer gebadet, o ich habe fast sensucht nach dem schönen deutschen winter, dem schönen schne. übermorgen ist weihnachten, stille weinachten, ich wünsche dir ein gutes neues jar; grus alerseits, got behüte dich, gustaf.*“

Diese Reise veränderte Gustav Nagel sehr stark, er fand durch den Glauben an Gott die Bestätigung für seine Lebensweise. So schrieb er über diese Pilgerreise in seinem „Programm der deutsch-kristlichen (Mittelstands-) folkspartei 1929“: „*... als ich 1902/3 nach jerusalem pilgerte, um mir an den heiligen stäten fon got gewisheit offenbaren zu laßen, ob ich noch so weiter wirken sol oder nicht, weil ich soviel unferständnis, hinderniße und spot und hon fand, da fürte mich got in der nacht zu betlehem im geiste an eine meeresbrandung, furchtbar brach sich di flut, hinter mir stand im nebel gehült ein alter kaum noch sichtbarer könig und es his, der neue könig müste jung und frisch aus der brandung wider herforgeholt werden und ich war freudig bereit, hinein zu tauchen und kante keine furcht; somit wolte mir got damit sagen, du must so weiterkämfen, auch wen du umbrandet wirst, den nur aus dem kamf kanst du das ideal wider königlich jung und frisch herforholen, one kamf kein sig.*“

Und 1904 schrieb er über seine Visionen in Jerusalem: „*o, und wi wunderbar ofenbarte sich mir got auf dieser reise, wi zeigte er mir auf dem ölberg, daß man noch file steine nach mir werfen wird, aber kein stein mich treffen noch ferletzen wird, und wi konte ich mich so ganz in das sich dahingehende duldende leidende lebn meines heilands jesus kristus fertifen, mir zur kraft, zum heil, und wi gab mir got in den heiligen stäten bethlehems di ofenbarende gewisheit, das es nottut, das ich an meinem weg weitergehen und dafür so ganz mein leben einsetze, er dagegen mich sicher führen wird, so gelobte ich den in den heiligen stäten bethlehems und jerusalems: got zu dinen, solange ich lebe.*“

Seinen Lebensunterhalt bestritt er von Almosen und vom Verkauf seiner eigenen Ansichtskarten. Sein Vormund, der Kaufmann Ernst Albrecht, unterstützte ihn finanziell nach Kräften doch holte sich Gustav Nagel auch „Kredite“ bei den deutschen Behörden. Dies ging nicht ohne Moralpredigten ab. Nagel schrieb darüber unter anderem: „*Als ich nach Port Sait in Afrika kam, regte sich der dortige deutsche Generalkonsul furchtbar über mein natürliches Leben auf, eine ganze Stunde hat er mich im höchsten Zorn, mit geballten Fäusten vor mir stehend, bearbeitet. Hätte ich nicht das Gottvertrauen gehabt und gewußt, daß ohne Gottes Willen nichts geschehen kann, so hätte ich annehmen müssen, der Konsul würde mich jeden Augenblick zu Boden schlagen, so aber blieb ich ruhig, sagte ihm daß ich sehr krank war, durch mein natürliches Leben gesund geworden war, und dadurch meine Gesundheit erhalten habe. Dann wurde der Konsul ruhiger, und als ich ihm ein zehn Seiten langes Zeugnis gab, was ich von einem Sanitätsrat zur Aufhebung meiner Entmündigung erhalten hatte, las er dasselbe mit sichtlichem Interesse durch, dann rief er aus: 'Was, von dem Leiden sind Sie geheilt worden? Deshalb reise ich alle Jahre nach Deutschland zur Kur und kann nicht davon befreit werden.' Von einem anderen Konsul erfuhr ich später, daß er ein sehr starker Raucher, Alkoholiker und ein starker Fleischesser ist. Daß seine erregte Handlung, mich in meinen natürlichen Leben zu bekämpfen und zu vernichten, zu Unrecht geschah, sah er denn auch bald ein, er besorgte eine Wohnung für mich, gab mir 30 Franken Reisevorschuß und einen türkischen Paß, und sein Sekretär besorgte alles, was ich zur Weiterreise benötigte. Und solch einen herzlichen Abschied, wie ich ihn dort hatte, habe ich selten erlebt.*"

Das geliehene Geld forderte das Konsulat schon am 28. Januar 1903 in einem Schreiben an Ernst Albrecht in Arendsee zurück: „*Der frühere Kaufmann Gustav Nagel ist hier im Monat Dezember v.Js. zur Weiterreise nach Palästina gegen sein ausdrückliches Versprechen der Rückzahlung mit 50 Tarifpiaster = 10M 44Pf. unterstützt worden. Laut einer von ihm aus Jerusalem eingegangenen Postkarte ist es ihm wegen eines längeren Aufenthaltes dort selbst nicht möglich, seine Schuld abzutragen, vielmehr hat er das Kaiserliche Konsulat ersucht, den oben genannten Betrag von Ihnen einzuziehen. Ich ersuche Sie daher, den Gegenwert mit 10M 44Pf mittelst Postanweisung an die Adresse dieses Kaiserlichen Konsulats gelangen lassen zu wollen.*"

Im März des Jahres 1903 trat Nagel über Konstantinopel seine Heimreise an. Anfang April 1903 war er wieder auf Capri, und diesmal traf er Karl Wilhelm Diefenbach und viele andere Künstler an. Bei diesen Gesprächen erhielt er zahlreiche neue Anregungen besonders in künstlerischer Hinsicht. Diefenbach hatte auf Capri einen Tempel errichtet, wie es auch Gustav Nagel am Arendsee beabsichtigte. Sicherlich nicht ganz so groß, wie der bekannte Maler und Naturmensch Diefenbach, aber auch sehr repräsentativ und vor allem mit vielen symbolträchtigen Bauten. Die besonders von Fidus vertretenen Ideen von der Einheit des Körpers und der Seele in der Bindung an ein transzendentes Prinzip sowie die Verherrlichung des menschlichen Körpers und der Natur, wie es wohl am anschaulichsten in Leni Riefenstahls Olympiafilmen von 1936 dargestellt wird, wurden von Nagel angenommen. Leider übernahm er auch das übertriebene Deutschtum von Diefenbach und seinem Schüler Fidus.

Auch die Maler Ernst Vollbehr und Hans Baluschek trifft er hier. Vollbehr, der später als Professor vor allem als „Kriegsmaler" im Dritten Reich bekannt wurde, berichtete über seine Bekanntschaft mit Gustav Nagel: „*Karfreitag traf ich Gustav Nagel, den Naturmenschen. Er badete nackt in einem Wassertümpel zwischen den Felsen. Dann sprang er in die Brandung. Ich zog ihn heraus auf die Felsen. Alma, seine Braut und seine Jünger waren auch da. Eines Tages erschien er im 'Palazzo' (Canale d.A.), zog sich nackt aus, stolzierte auf und ab und verschwand wieder.*"

Gustav Nagel schrieb über diesen Badeunfall: „*capri, ostern 1903. ich mus das bet hüten. so gern ich die schöne natur habe, aber kann weder gehen noch stehen. am karfreitag trug mich beim baden eine gewaltige brandung wie einen spilbal hinaus und warf mich auf die felsenklipen, so das der ganze körper war mit wunden bedekt, das fleich gerißen, nur der kopf war unversert, förmlich löcher waren in das fleisch gerißen, und aus den lendenwunden floß wasser und blut, dann wurde der himmel schwarz mit wolken bedekt und regen und blitz und doner tobte sehr, eine steingrotte dinte als lagerstäte, bis kräftige mäner mich ins hotel trugen. liebe herr al-*

brecht, iren brief heute erhalten, postsachen für mich und meta nach hir, scheuen si kein porto, für das buch bin ich geneigt wenn bedingungen günstig, werde dann material, soweit ich hirhabe, einsenden, sobald ich reisen kan, faren wir nach positano um dort sagen wir ein jar ungestört zu leben, neue kraft zu sameln.

herzlichen gruß alerseits gustaf nagel und braut"

Diese österliche Karte Nagels an Ernst Albrecht ist sehr interessant, gibt sie doch zum ersten Mal Auskunft darüber, warum sein Vormund immer wieder Gelder für die Weiterfahrt Nagels schickte. Er erwartete als Gegenleistung von Gustav Nagel, daß dieser ein Buch über seine Erlebnisse auf der Reise nach Jerusalem schrieb. Reiseberichte waren um die Jahrhundertwende besonders bei den Zeitungen als Wochenendbeilagen sehr beliebt und brachten den Autoren oft mehr als nur die Reisekosten wieder ein. Dieses Buch erschien trotz oder gerade wegen der zahlreichen finanziellen Vorleistungen Albrechts nie.

Auch ein weiterer Punkt dieser Karte ist interessant. Wollte Nagel noch Anfang März auf schnellstem Weg zurück nach Arendsee kommen, so schrieb er in der Karte vom 12. April schon von einem einjährigen Aufenthalt in Positano. Was war geschehen? – Er hatte sich unsterblich verliebt in eine etwas kleinwüchsige, siebenundzwanzigjährige Wienerin mit langen, dunklen Haaren – Maria Anna Konhäuser. Meta, wie sie überall nur gerufen wurde, war gelernte Kindergärtnerin und als Klavierlehrerin und Gesellschaftsdame bei einer wohlhabenden Familie in Positano angestellt. Woher der Namenszusatz Letitia kommt, der auf zahlreichen Karten von Gustav mit seiner späteren Frau in den Jahren 1903/04 zu finden ist, ist nicht ganz zu klären. Der Name heißt lateinisch „Freude" und ist in Italien ein oft gebrauchter Vorname. Fest steht auch, daß weder Meta noch Letitia Koseformen sind, die sich Nagel ausdachte, Maria Anna verwendete sie schon früher als Unterschrift auf Karten und Briefen. Wahrscheinlich handelte es sich bei diesen Namen um eine Koseform von Maria Anna, die die italienisch sprechenden Kinder ihres Hausherren ihr gegeben hatten und die sie sehr gern annahm.

Die Absichten Gustav Nagels und seiner Braut, noch einige Zeit im schönen Italien zu bleiben, zerschlugen sich bald: Ende Mai 1903 tauchte er wieder in Arendsee auf. Der Grund dafür war die Schwangerschaft seiner Verlobten, denn sechs Monate später, am 28. November 1903, wurde seine Tochter Klara in Arendsee geboren. Doch der Arendseer Arzt Dr. med. Flaak bescheinigte dem Kind zur Geburt schon kaum Überlebenschancen. Am 6. Dezember 1903 starb ihre kleine Tochter an Unterkühlung. Nagel versuchte in der zügigen Wohnhütte, seine neugeborene Tochter durch eine Ganztaufe in das Christentum aufzunehmen. Das kränkliche Kind unterkühlte sich dabei, ob im kalten Wasser oder im kalten Zimmer, konnte nie endgültig geklärt werden. Die selbst heute noch weit verbreitete Meinung, Gustav Nagel habe seine Tochter im eiskalten Arendsee getauft, ist jedoch nachweislich unwahr, denn die Taufe wurde später von der Haushälterin der Nagels, Witwe Heuter, vor dem Landgericht ebenfalls zu Protokoll gegeben.

Ungeachtet dieses Vorfalls heirateten Maria Anna Konhäuser und Gustav Nagel am 16. Januar 1904 in Arendsee. Die Hochzeit war seinem Lebensstil angepaßt sehr spartanisch, und auch Metas Traum von einer schönen Hochzeit in Weiß beschränkte sich auf ein schlichtes, weißes Kleid im Stile der Reformkleider, wie sie bereits bei Weißgärber oder auf Capri getragen wurden. Gustav Nagel war barfuß und trug nur sein weißes Hemd.

Im Sommer 1903 hatte er wieder begonnen, seine Vision vom Luft und Sonnenbad am Arendsee zu verwirklichen. Er kaufte sich ein Stück Land von zwei Morgen in der Nähe des Lindenparks und baute darauf für 1.350 Mark eine Holzbaracke mit zwei Zimmern und einem Keller, in der er mit seiner Familie lebte und ein Sonnen- und Brausebad einrichtete.

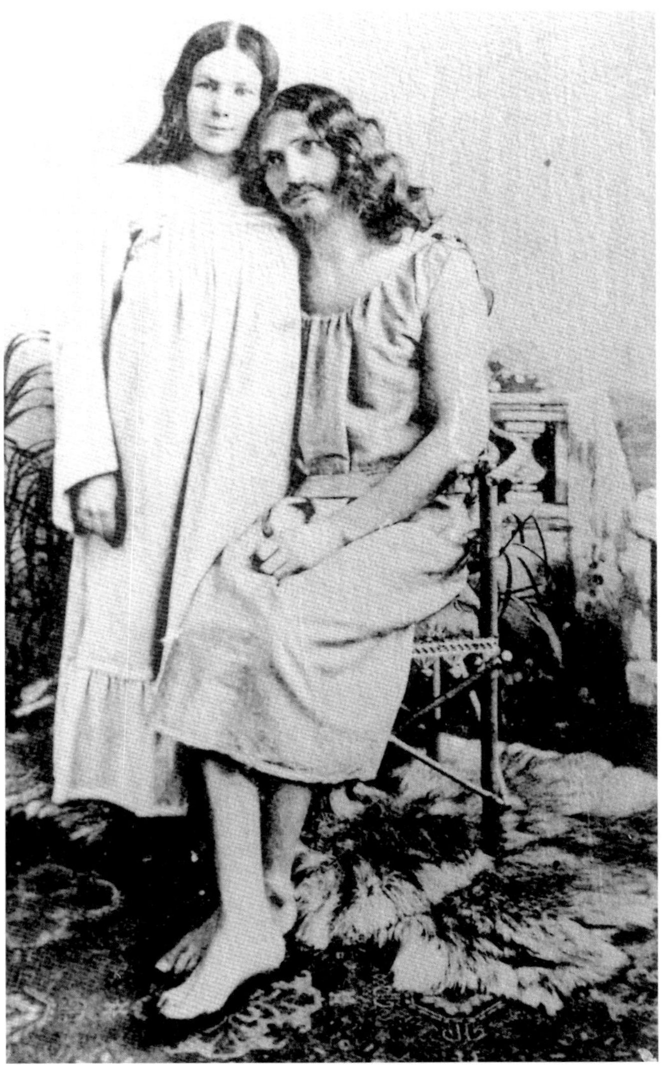

Seite 24/25: Hochzeitsfotos gustaf nagels mit seiner Frau Maria Anna Konhäuser

oben: *Mit einem großen Schild wirbt gustaf nagel um Gäste für sein Sonnenbad 1903*

links: *gustaf nagel mit seinem Schlafzelt am Arendsee*
rechts: *gustaf nagel und Maria Anna Konhäuser mit dem Wanderprediger Richard Jenasch sowie einem Kind*

Seite 27: Postkarte mit dem Brautpaar

In der *Greizer Zeitung* vom 16. April 1903 wird das Grundstück wie folgt beschrieben: „*Das Heim des Naturmenschen Gustav Nagel, das sich dieser hier in seiner Vaterstadt Arendsee errichtet hat, ist nahezu vollendet. Es liegt im Walde hinter dem Schützenhaus, wo Nagel ein großes hügliges Terrain gepachtet und mit einem Stacheldrahtzaun umgeben hat. Auf sandigem Grund hat der Naturmensch ein nach Süden schräg abfallendes Gelände zu einem Licht-, Luft und Sonnenbad eingerichtet und mit einem Bretterzaun umgeben. An die Einfriedung grenzt ein aus Holz gebauter Wohnraum, der an der vorderen Wand einen Ansichtskartenautomaten aufweist, welcher Karten mit den Bildnissen Nagels und seiner demnächstigen Frau Meta Konhäuser spendet. In der Nähe eines Brunnens befindet sich ein Rundteil, das mit Blumen bepflanzt werden soll. Hier gedenkt Nagel auf einer Sandhügelkuppe sein massives Wohnhaus zu errichten. Vorläufig wohnt er mit Meta Konhäuser, einem kleinen Mädchen und noch drei Naturmenschen in Zelten und den Holzräumlichkeiten. Alle tragen halbadamitische Kostüme, Nagel, der braun wie ein Indianer ist, hat nur eine Badehose an. Meta Konhäuser und das kleine Mädchen laufen in einem hemdartigen Gewand einher. Alle leben von rohen Feldfrüchten.*“

maria und gustaf nagel,
arendse in der altmark.

Heute war gustaf nagel hier, leider habe ich ihn nicht mehr gesehen, jedoch noch diese Karte mit seiner eigenhändigen Schrift erwischt. Er hat in Genthin wie überall gute Geschäfte gemacht. Ich glaube es interessiert Sie dieses Pärchen, daher überlasse ich Ihnen die Karte. Herzlichen Gruß! Hanna Pläsz

Weiterhin errichtete er auf dem Gelände einen großen Taubenschlag sowie im schönen Garten eine Schaukel und Sportgeräte. Nagel war durchaus wohlhabend, in seiner Wohnbaracke befand sich sogar neben gutbürgerlichen Möbeln ein Harmonium. Auf einem Gedenkstein auf dem Hügel seines Grundstückes schrieb er stolz: „*got mein fater will ich dinen in zu lonen sein schöpfungswerk zu ferherlichen und der kranken menschen helfen will ich mich betätigen mit libeskraft.*

got der mich bisher wunderbar fürte wird mich sicher leiten zum zil, im sei innig dank. got ist und bleibt mein zil.“

Im *Arendseer-Wochenblatt* und anderen Zeitungen warb er mit großen Anzeigen: „*am besten heilt dich di natur, folgst du mit got irer spur. kom zu mir, ich zeig si dir.*“ Und am Eingang zu seinem Bad stand auf einem großen Schild: „*got ist heilig, hochedel gottes schöpfung, nur ungötliches unnatürliches leben, wi fleisch alkohol und tabakgenus kleidertracht und leben in rauch und dunst macht unrein und krank. betrachtet di rosen und lilien wi sind si nakkend so rein und schön. got gebe euch erkentnis das ir leben könt one scham wi di rosen und lilien, nakkend so rein edel und gut.*“

Obwohl seine Lehren durchaus richtig waren und heute in der FKK-

Bewegung ihren besten Beweis haben, gelang es ihm nicht, diese Ideen wie auch zahlreiche andere später zu verwirklichen. Es kamen zwar zahlreiche Schaulustige in sein Bad, doch kaum jemand wollte sich von ihm behandeln lassen. Dies verärgerte ihn um so mehr, da in Sichtweite seines Sonnenbades im städtischen Kurhaus mit viel Erfolg immer mehr Patienten behandelt wurden.

Auch in der Liebe ging die anfänglich so euphorische Beziehung mit Meta auseinander. Sicherlich hatte diese zierliche Person sich das Leben in Arendsee anders vorgestellt, und sie träumte noch oft vom warmen, offenherzigen Positano und dem Mittelmeer. Das Leben mit einem so bekannten, aber auch schwierigen Mann, wie es Gustav Nagel nun einmal war, verlor im Alltag seine Faszination. Sicherlich spielten auch die von Nagel seiner Frau wie selbstverständlich auferlegte vegetarische Lebensweise und der spartanische Haushalt eine Rolle. Sie war von Italien her ein etwas lockereres und leichteres Leben gewöhnt. Sie ging im Sommer nur sehr spärlich bekleidet, und es fällt auf, daß sie auf vielen der von Nagel verkauften Postkarten immer nur in ein und demselben Kleid zu sehen ist.

Wie Maria Nagel über das Leben mit ihrem Mann zu dieser Zeit dachte, geht aus einem Brief hervor, den sie aus Norden am 30. September 1904 an Alma Weißgärber, die Frau des befreundeten Lebensreformers aus Blankenburg, schrieb: „*Nun sind 8 Tage um – das ich wieder reiste – mir dächte es aber 8 Monate – so stumpf und müde so abgespannt bin ich schon jetzt. Nun noch 3 Wochen – sollte ich reisen, um wenigstens das zu haben, was ich wollte. O wie furchtbar schwer wird mir das reisen – und das von Hotel zu Hotel ziehen! Ach und das ekelhafte Rauchen von den ungeschliffenen Bengels – vor dem Vortrag, das ist mir das allerschrecklichste und Qualvollste von allen. Gestern Abend wurde es mir so über, das ich vor dem Schlafengehen schmerzlich Weinen mußte. Und Gustaf hätte ich am liebsten geohrfeigt. Ich sagte ihm auch – hätte ich den erst besten Mann geheiratet, hätte ich nicht so viel in der stinkigen Welt zu leiden – als bei Ihm den Natur Menschen – der sich irdischer Güter wegen mehr in Gestank und Rauch bewegt, als ein Herdenmensch. Wie schön könnte ich Zuhause sitzen in Ruhe und Frieden leben in und mit der Natur, um seiner Verschwendung wegen, seiner Geldgier wegen – mußt ich so elend leiden – muß da sein wo es mich oft vor Ekel schüttelt.*“

Natürlich bemerkte auch ihr Mann diese Abwendung von ihm, und er beklagte, daß sie ihm Hingabe und familiäre Freuden schuldig bleibe. Da ihm seine Frau immer öfter auch den ehelichen Beischlaf verweigerte, wurde er mißtrauisch und schloß daraus eheliche Untreue. Dieser Vorwurf wurde wahrscheinlich zur Gewißheit, als er erfahren mußte, daß auch seine Jünger die Reize Metas wahrgenommen hatten. Es wird berichtet, daß besonders Jenasch diese auch nutzte. Es verwundert daher nicht, daß Nagel seinen am 21. April 1905 geborenen Sohn Friedrich nicht anerkannte, keine Alimente zahlte und sich ein halbes Jahr später von seiner Frau lossagte. Im *Sonntags-Blatt,* Nummer 22, vom 28. Oktober 1906 berichtete er von einem nochmaligen Versöhnungsversuch mit Meta: „... *durch das weib kam di sünde in di welt, in disen tagen kam aber ein weib in mein heim durch deren mund di köstlichste posaune eines engels widerhalte, 'bist du in sünde ferstrikket gleichwi in einem hause das fon sturm und flut bedrängt schwankt hin und her, deßen lezte stüzen wollen weichen, es nat sich ein nachen – di fergebung dir, wil dich retten aus höchster gefar, will dich füren ans himlische sichere land, di ewige gnadensonne gottes komt zu dir.*“

Der Versuch scheiterte. Meta zog noch im selben Jahr zu ihrer Schwester nach Wien und wurde am 22. Juli 1907 wegen ehebrecherischem Verkehr vom Amtsgericht Stendal von Gustav Nagel geschieden.

Diese Scheidung und die sehr unglückliche Liebe belasteten Gustav Nagel noch Jahre später. Bei einer Befragung in der Psychiatrischen und Nervenklinik der Charité am 29. März 1933, also schon 27 Jahre nach der Trennung von seiner Frau, gibt er zu Protokoll: *„Lassen Sie das in mir ruhen, wozu das alles noch einmal herausholen. Jeder Mensch hat ein Schicksal, das muß er überwinden, das ist gut. Ich habe den Kelch geleert, ich will vorwärts mit Christus!*"

Mit dem Stendaler Gericht hatte Gustav Nagel immer häufiger zu tun. Mal verklagte ihn seine Frau auf Zahlung von Alimente, ein anderes Mal mußte er sich wegen groben Unfugs oder Erregung öffentlichen Ärgernisses verantworten. Doch gab er trotz allem sein Sonnenbad-Projekt nicht auf, immer wieder unterstrich er in Reden und auch in Zeitungsanzeigen den Nutzen dieser Bäder. Im *Arendseer Wochenblatt* vom 10. November 1906 annoncierte er:

„edle Bürger fon arendse, grüße euch got, durch di gnade gottes sol unsere stat eine heilende erkwikende weltstat werden, so bitte ich euch fon herzen, edle bürger, unterstüzet meine arbeit, ich werde in disen tagen boten fon haus zu haus senden um zum bezug meiner sontagsblätter einzuladen, bitte bitte bitte legt denselben den beitrag in di hände, got wird es euch segnen, sendet dan bitte di blätter stets an bekante in der ferne weiter, wen auch euer glaube schwach ist, mein glaube ist stark, mein gotfertrauen groß, meine schaffenskraft in got sich ganz für obige darlegungen hingebend, wi ein samenkorn darin aufgeend; dem liben got befolen, gustaf nagel."

Gustav Nagel konnte auch anders als durch Bittstellungen für seine Ziele kämpfen. Immer öfter geriet er bei seinen Vorträgen in Streitigkeiten mit der Obrigkeit. Man warf ihm besonders seine Lehre vom Sonnenbaden in Halbnacktheit vor, mit der sich nicht nur die Arendseer so gar nicht anfreunden konnten. Vielleicht waren ihnen aus den Zeitungen Artikel über die Sommernachtstänze auf dem Monte Verita bekannt, wo Mädchen sehr spärlich bekleidet tanzten, ja sogar, für die damalige Zeit unmöglich, nackt arbeiteten, spielten und turnten.

Er war in Arendsee nur noch ein geduldeter Gast, dies gab ihm auch der Bürgermeister des aufstrebenden Kurortes mehr als eindeutig zu verstehen. So verwundert es nicht, daß am 3. Januar 1907 im *Salzwedeler Wochenblatt* zu lesen war: *„In dem Erholungsheim Gustav Nagel fand am Sonntag vormittag eine Versteigerung statt. Das fast neue Billard erstand ein Salzwedeler Restaurateur. Das Klavier wurde ebenfalls verkauft. Gustav will in Amerika sein Glück versuchen.*"

Im Jahre 1908 verkaufte Nagel sein Sonnenbad. Doch er muß sich die Auswanderung nach Amerika noch einmal überlegt haben, denn er fand in Mardorf am Steinhuder Meer Zuflucht. Der Ort liegt ähnlich wie Arendsee herrlich am See, ist von Wald umsäumt, und auch der Tourismus hatte in Mardorf Fuß gefaßt. Bereits im Mai 1907 hatte Gustav Nagel sich am „Weißen Berg" bei Mardorf in der „Krähe", einem Waldstück nahe der Gemeinde Steinke, wohnlich in einem Zelt eingerichtet.

Die *Harke-Nienburger Zeitung* vom 18. Mai 1907 berichtet über einen Besuch bei Gustav Nagel: *„Am Dienstag nachmittag war in dem Strandhotel in Steinhude eine große Gesellschaft aus Hannover und Umgebung und da die Luft nach dem Montag abend stattgehabten Gewitter herrlich war, wurde beschlossen, dem Pachtherrn des weißen Berges 'gustaf nagel', einen Besuch auf seinem Eiland abzustatten: Das Boot 'Freia' führte uns, mehrere Damen, Herren und Kinder, alsbald an Ort und Stelle. Wir trafen den Einsiedler emsig tätig an, wie er Pfähle zur Abgrenzung seines Hofraumes ankohlte. Etwa 1 Uhr hat er durch Pfähle, die mit dünnen Draht versehen sind, von dem ihm überwiesenem Gelände von 1 Viertel*

oben: Zu Besuch bei Freunden in Mardorf 1908

Morgen abgegrenzt. Sofort hörte er mit seiner Tätigkeit auf und ging seinen Gästen entgegen; und ließ allen eine freundliche Aufnahme zu Teil werden, indem er alle mit warmen Händedruck begrüßte. Auf Anfrage gab er genaueste Auskunft über seine Lebensweise.

Dann führte 'gustaf' uns zu seinem Zelt. Die Einrichtung war sehr primitiv. Die Lagerstätte bestand aus kurz geschnittener Heide. Die Decken und das Kopfkissen lagen auf dem weißen Sande draußen in der Sonne. Die Einrichtung wurde durch zwei Stühle vervollständigt. In der Ecke hing eine große Ledertasche mit Wurzeln, Aepfeln, Nüssen und dergl. Ein Spitz sonnte sich innerhalb des Pferches. Nachdem wir, besonders die Kinder, für 40 bis 60 Pfg. Postkarten gekauft hatten, auf deren jede er schrieb: 'grüß got, gustaf nagel', schenkte er jedem Kinde zwei Paranüsse. Das eine Kleine wollte sofort zu knuppern anfangen. Die Mutter meinte, die Nüsse sollte das 'Lütte' aufheben zum Andenken an gustaf nagel. 'Lassen Sie das Kindchen doch essen', und gab der Mutter darauf auch noch 2 zum Andenken.

Auf die Frage, wie es ihm am Meere und weißen Berge gefalle, meinte er, das Meerwasser sei ja nicht so klar wie im Arendsee, aber es wäre gut und er hätte sich jetzt schon daran gewöhnt. Einen besonderen Genuß hätte ihm das Gewitter gemacht am Abend und in der Nacht zuvor. Zuerst hätte er ein herrliches Regenbad genommen und später ein großartiges Naturschauspiel gehabt, als er die blauen Blitze im Meeresspiegel habe beobachten können. Er war der Meinung, daß er sich im Sommer ganz heimisch dort fühlen würde. Einsam wäre er nicht, denn er bekäme *noch einen Papagei zur Unterhaltung und außerdem kämen täglich von Rehburg Badegäste und andere Besucher aus der Nachbarschaft.*

Ein 'Aber' hatte er aber doch schließlich. Es wären so viele kleine Tiere ('Quitten') am weißen Berge in den letzten Tagen gewesen, die habe es in Arendsee nicht gegeben. Eine Dame fragte zuletzt, ob er denn gar kein Fleisch oder Wurst äße? Lachend ging er zu seinem Ledersack und holte eine lange rote Wurzel (Möhre) hervor und sagte: 'Dies sind meine Würste'. Endlich mahnte uns der Abend an die Heimkehr. Mit herzlichem Händedruck verabschiedete er sich, und als die 'Freia' zum Strandhotel zurückfuhr, blies 'gustaf' auf dem Waldhorn seinen Gästen einen Choral nach dem anderen nach, daß wir ihn noch lange hören konnten. Am häufigsten blies er: 'Nun danket alle Gott'. Ob er froh war, daß seine Gäste endlich abgefahren waren?"

In den kalten Wintertagen des Jahres 1907 fand er auf dem Heuboden der Familie Otto Brase (Hof 105) Unterschlupf, und ein Jahr später „überwinterte" er in der alten Meyerschen Mühle. Obwohl er am Steinhuder Meer mehr gesellschaftliche Anerkennung fand als seinerzeit in Arendsee – er wird unter anderem 1908 Ehrenmitglied des Luft und Wasserclubs Nienburg –, zog es ihn doch ein Jahr später wieder an seinen geliebten Arendsee zurück. Gustav Nagel ist in den Orten rund um das Steinhuder Meer als der erste Camper in die Chroniken eingegangen.

Im Frühjahr 1909 war im *Arendseer Wochenblatt* folgendes zu lesen: *„gustaf nagel gedenkt für den Sommer seinen Wohnsitz wieder nach Arendsee zu verlegen und für seine Lehre Anhänger zu werben. Er hofft einen Naturheilverein zu stande zu bringen. Nachstehenden Aufruf übergab er uns mit der Bitte um Veröffentlichung.*

auf zur sonne; es schmilzt der schne im sonnenschein, der sonnenstral dringt in das erdreich ein, zaubert den früling herfor, bringt sommerliches sein; sonnenschein und libespein, beide kommen fon got, und die blumen handeln recht, machen auf das herz, laßen sonnenschein hinein, leben ganz nakt, drum haben si di eigenschaft das si wi sonnenschein beglükken und si stets dort zu finden sind wo gottes libe stralt; drum menschenkind zi aus dein kleid, jetzt komt di sonne wider, las sonnenschein in dich hinein dan wird es früling, sommer, gesund und warm in dir; kom zu jesus, bade dich im se als wärs in jesu blut, dan wirst du rein, brauchst dich zu schämen nicht, den wer den has emfand und war krank, wem di libe einer mutter, beseligende gattenlibe und höllenkwalen ungestilter libe wurden der wird dich achten so du bist nakt; got wird dich liben, got wird dich tragen auf händen und flegen, got wird dich speisen mit früchten der sonne fom schoße der erde unserer mutter wird dich tränken fom kwel seiner güte, kom, komme zur sonne, komme zu; jesus, dan spürst du wonne; got segne dich. gustaf nagel"

Auch über die Trennung von seiner ersten Frau war er jetzt hinweg, denn am 17. Juli war dieses überschwengliche Liebesgedicht für seine Braut aus Colditz zu ihrem Geburtstag im *Arendseer Wochenblatt* zu finden. *„grüs got, heute ists ein heiliger tag. – weise lilien wollen in wie`n. – ich will nehmen was kommen mag, – geb got das rechte dedein; – heut ist meiner liben braut geburtstag, – heut mögen kommen alle engel zu ir, – ich will nemen was kommen mag, – jesus ferlobte sie mir, – heilig ist der her zebaot, –jesus wäscht uns wi lilien so rein, – mit liebe segne uns der libe got. – zum heutigen tag gab er das gedein: – ir aber hört und merkt euch heut – 'sternlein stehen am himmelszelt', – achtet die libe ir liben leut, – sie trägt euch zur himmlischen welt: got segne und behüte euch."*

Doch obwohl Gustav Nagel sehr verliebt scheint, geht diese Verlobung 1910 auseinander.

3

Auf dem Weg zum Ruhm

gustaf nagel in seiner Wohnbaracke, rechts seine Wanderfahne „ich komme zu euch in friden“

Die Zeit um das Jahr 1910 gilt als der eigentliche Beginn des Wanderpredigerlebens von Gustav Nagel. Zwar war er auch schon vorher sehr bekannt und in vielen Gegenden Deutschlands aufgetreten, doch fehlte ihm noch die Ausstrahlung, die aus einem guten Redner einen glühenden Verfechter seiner Ideale machte. Für Jahre begann er ein unstetes Wanderleben. Als echter Wanderprediger besuchte er schon bald die wichtigsten deutschen Städte. Es gelang ihm, durch diese Wanderungen sehr populär, ja sogar beliebt zu werden. Sicherlich spielten hier auch wieder die Zeitungen eine wesentliche Rolle. Wo er auftrat, egal, ob auf Marktplätzen oder in Sälen, hatte er zahllose Zuhörer. Zwar hörte kaum jemand dem zu, was er predigte, jedoch allein sein Auftreten faszinierte die Massen.

Durch Eintrittsgelder und den Verkauf von Postkarten mit seinem Bild erlangte er allmählich bescheidenen Wohlstand. Schon 1910 begann er wieder, in Arendsee an seinem Lebenswerk, einer „Feste für seinen Glauben“, zu bauen. Aus der Erfahrung mit seinem gescheiterten Sonnenbadprojekt hatte er gelernt, daß er ohne die Stadtbevölkerung nichts durchsetzen konnte. Daher baute er auf dem neu erworbenen, 0,38 ha großen Seegrundstück auf dem Wendlandgrund einen Paradiesgarten. Dagegen hatten die Nachbarn nichts. Bereits am 10. Juli 1910 konnte er seinen Paradiesgarten einweihen. Und siehe da, die Arendseer kamen. Er konnte sogar mehrere Kinder gewinnen, auf seinem Einweihungsfoto mit Fahnen zu posieren.

Seine ersten Bauten auf dem Grundstück sind bescheiden, ein Seemannsgrab, bestehend aus Kreuz, Herz und Anker als Symbol für Glaube, Liebe und Hoffnung ist eingefaßt von einem Birkenzaun. Auf dem Kreuz ist zu lesen: *„lasset uns in liben den er hat uns zuerst gelibt“* und darunter die Worte *„erkwikkung, hei-*

lung, jesus“. Auch ein Harmonium sowie eine Trompete und seine Wanderfahne mit der Aufschrift *„ich komme zu euch in friden, gustaf nagel“* sind auf dem Bild zu sehen.

Es zog ihn jedoch immer wieder zu Wanderungen und Vortragsreisen durch ganz Deutschland und immer häufiger nach Sachsen, besonders nach Flöha. Nach mehreren gescheiterten Verlobungen lernte er hier auf Betreiben von Freunden die am 10. Januar 1888 in Chemnitz geborene Kaufmannstochter und gelernte Klavierlehrerin Johanna Maria Raith kennen. Johannas Eltern hatten in Flöha eine Drogerie, und obwohl der Vater bereits seit einigen Jahren verstorben war, waren sie durchaus wohlhabend. Der Flöhaer Gemeindevorstand sah sich daher gewogen, nach Bekanntgabe der Verlobung zwischen Johanna Raith und Gustav Nagel im *Flöhaer Tageblatt* am 26. März 1912 Nachfragen bei den verschiedensten Ämtern über das Vorleben des Wanderpredigers einzuholen. Ob dies aus amtlichem Interesse oder durch die besorgte Mutter Marie Raith geschehen ist, läßt sich heute nicht mehr herausfinden. Doch obwohl Auskünfte aus Arendsee, Dresden und Colditz eingeholt wurden, stand einer Ehe zwischen den beiden bald nichts mehr im Wege.

Am 4. Juni 1912 wurde das Brautpaar zuerst im Standesamt am Markt und dann unter den neugierigen Blicken von hunderten Menschen in der Lutherkirche in Chemnitz getraut. Es war im Gegensatz zu seiner ersten Hochzeit eine große und sehr

Die Einweihung des Seegrundstücks 1910

aufwendige Feier. Das *Chemnitzer Tageblatt* vom 5. Juni 1912 berichtete: *„Einen Menschenauflauf gab es heute vormittag vor dem Standesamt am Markt, weil dort der Naturmensch Gustav Nagel mit einem Fräulein aus Flöha ehelich verbunden wurde. Die kirchliche Trauung erfolgte dann in der Lutherkirche. Nagel ging auch bei diesen Feierlichkeiten barhäuptig und barfuß.“*

Der Aufwand für diese Hochzeit war riesig, ließ sich Nagel doch in Chemnitz trauen, die Feierlichkeiten fanden jedoch im rund 15 km entfernten Flöha statt. Der Festzug bestand aus zehn zweispännigen Kutschen, angeführt von Gustav Nagel und seiner Braut in einer Kutsche, von zwei weißen Pferden gezogen. Johanna trug ein herrliches weißes Brautkleid mit bis zum Boden reichendem Schleier, Gustav Nagel ein weißes Hemd mit Blumenschmuck. Für das Hochzeitsbild waren 31 Verwandte und Freunde der Familie Raith angetreten, von Gustav Nagel fehlten die Verwandten ganz.

Wie fast immer, hat Gustav Nagel auch dieses Ereignis auf Postkarten verewigt. Auf seiner Hochzeitskarte ist das junge Paar ganz in Weiß und mit Blumen abgebildet. Auf der Kartenrückseite steht ein Vermerk *„josua 24 – Fers 15“*. Dort heißt es in der Bibel: *„Gefällt es euch aber nicht, dem Herrn zu dienen, so wählt euch heute, wem ihr dienen wollt: den Göttern, denen eure Väter gedient haben jenseits des Stroms, oder den Göttern der Amoriter, in deren Land ihr wohnt. Ich aber und mein Haus wollen dem HERRN dienen.“*

Das junge Paar richtete sich in Chemnitz in der Reichenhainer Straße 16 häuslich ein. Lange Zeit war es für die Nagelfreunde unerklärlich, wie Gustav Nagel eine so bürgerliche Heirat eingehen konnte und vor allem, wie er an die Tochter aus „gut bürgerlichem Hause“ kam. In der *Peiner Allgemeinen Zeitung* vom 21.1.1986 findet sich ein erster Hinweis in einem Bericht von Frau Irmgard Schiller aus Peine-Vöhrum: *„Bei meiner Großmutter“*, so erinnerte sich Irmgard Schiller an die Zeit, als sie 12 oder 13 Jahre alt war, *„ging es höchst fromm und gottesfürchtig zu. Da kam der schon äußerlich recht prophetisch wirkende Nagel gerade recht. Für genannte Großmutter war alles klar. Der oder keiner kam für*

gustaf nagel und frau

Seite 34: Hochzeitsfoto von gustaf nagel und Johanna Reith

Die gutbürgerliche Hochzeitsgesellschaft 1912

Die junge Familie Nagel: Gustav Nagel mit Frau Johanna sowie den Kindern, Adolf, Johannes und Gottfried.

die harmoniumspielende Großnichte als gottgewollter Gatte in Frage."

Die Hochzeit war beschlossene Sache, denn einen solch markanten Heilsbringer wollte man sich als Familienmitglied nicht entgehen lassen, eine Ansicht, die von besagter jungen Dame aus inbrünstigem Herzen geteilt wurde.

Leicht gesagt, schwer getan; denn die Männer der Kirche weigerten sich, den Naturmenschen zu trauen, schon gar nicht in seinem üblichen Aufzug. In Chemnitz schließlich fand sich eine Kirche, die Nagel in den Stand der Ehe befördern mochte. Irmgard Schiller weiß auch warum: „*Die hatten gerade gebaut und brauchten jeden Pfennig.*"

Erst intensive Nachforschungen von Heinz Bräuer aus Rostock ergaben, daß die Mutter von Johanna Raith einer Glaubensgemeinschaft angehörte, dem *Bund der Kämpfer für Glauben und Wahrheit*, genannt die Horpeniten. Sie wurde 1935 verboten und hatte nachweislich in Flöha eine Ortsgruppe. Die Mutter, Marie Raith, soll eine Vision gehabt haben, derzufolge ihre Tochter Gustav Nagel heiraten müsse. Sie soll Johanna regelrecht dazu gezwungen haben.

Bei den Horpeniten handelte es sich um eine Gemeinschaft, die die Zusammenarbeit mit der Landeskirche nicht ablehnte und keine eigenen Taufen, Trauungen u.ä. durchführte. Um 1912 gab es bei ihnen und auch in anderen Glaubensgemeinschaften, beispielsweise bei der *Gemeinschaft in Christo Jesu*, auch bekannt als *Lorenzianer*, allerlei Vorstellungen von der Wiederkunft Jesu und dem Anbruch des Milleniums, des Tausendjährigen Gottesreiches. Auch die Lorenzianer hatten, wie die Horpeniten, ihr hauptsächliches Wirkungsfeld im Erzgebirge und im übrigen Sachsen. Eine Weissagung bezog sich auf die Wiederkunft Jesus im Jahre 1874, dem Geburtsjahr Nagels.

Doch schon am 18. Juni, also zwölf Tage nach der Hochzeit, war Gustav Nagel wieder in Arendsee. Ob es eine Flucht vor der Vereinnahmung durch die Horpeniten war, konnte bis heute nicht geklärt werden.

Für Johanna muß der Anblick ihres neuen Zuhauses ein ähnlich großer Schock gewesen sein wie bei ihrer Vorgängerin, und auch sie war bereits schwanger, als sie nach Arendsee kam. Am 26. Februar 1913 wurde ihr erster Sohn Gottfried Fürchtegott Gerhard geboren. Am 20. Juli 1916 folgte Sohn Gustav Johannes und am 2. August 1918 Ernst Adolf. Wie Nagel selber schrieb, ist die Liebe zwischen ihm und seiner Johanna jedoch schon bald erloschen, doch der potente Mann forderte von seiner Frau immer wieder die Einhaltung der ehelichen Pflichten. Johanna versuchte am 30. September 1920, sich und ihren jüngsten Sohn im Arendsee zu ertränken. Sie wurde daraufhin in die Nerverheilanstalt Uchtspringe eingeliefert, doch ihr schwermütiger Zustand bessert sich nicht mehr. Am 11. Februar 1926 wurde die Ehe wegen „Beischlafverweigerung“ geschieden. Johanna Raith starb nach mehrjährigem Aufenthalt 1935 in der Nervenheilanstalt Jerichow, wo sie auch auf dem Stadtfriedhof begraben ist.

An dieser Stelle möchten wir auf ein immer wieder in Erzählungen

guſtaf nagel und ſon adolf auf ſeiner landungsſtelle am arendſe i. altm.

guſtaf nagel, arendſe i. altmark mit ſeinen 3 knaben **gotfrid** 12 j., **johannes** 9 j., **adolf** 7 j., di ſon geburt an wegetariſch leben; wärend meine ſel. mutter als ältere frau di wegetariſche lebens- und natürliche heilweiſe in unſere familie einfürte, wodurch ich geſund erneuert und zur tüchtigkeit befähigt wurde, ſind meine kinder als ſelbſtferſtändlichkeit darin geboren, ir körper entwikkelt ſich gut, ſi ſind intelligent, immer regſam beſchäftigt und ſizen in der ſchule obenan.

und Berichten vorgebrachtes Mißverständnis eingehen – **Gustav Nagel und die Frauen**. Es stimmt, daß er zwei seiner drei Frauen (seine dritte Frau Eleonore lernen wir in einem späteren Kapitel noch genauer kennen) auch körperlich „verschlissen" hat. Er war durchaus potent und forderte bei den Frauen sein eheliches Recht ein. Auch findet man in seinen Heiratsaufrufen und Gedichten mehr als nur erotische Andeutungen, wozu er eine Frau haben möchte. Dies ist für diese Zeit, in der schon ein Kuß als sehr weitgehend empfunden wurde, skandalös.

Nach der Scheidung von seiner zweiten Frau erregte er immer wieder Aufsehen durch das Verschicken sogenannter „Rosenbriefe" an heiratsfähige Frauen. Da kaum ein Vater Gustav Nagel als Schwiegersohn begehrte, gab es daher auch oft Ärger mit wütenden Vätern. Früher versteckten die jungen Frauen diese Rosenbriefe mit leicht errötendem Gesicht in irgendwelchen Geheimschatullen, heute hängen sie eingerahmt als kostbare Familienerinnerungen im Flur oder sogar in der guten Stube.

Doch noch etwas anderes machte ihn zum Frauenhelden: seine Zeitungsannoncen. Mit Texten wie: *„Welche Dame ist bereit, mit mir am Arendsee einen Jungborn zu eröffnen, damit wir mit dem Pfunde Wucher treiben können, welches Gott uns hier am Arendsee als Heilwert gab?"*, schreckte er natürlich seine konservative Umwelt und zu seinem Leidwesen auch die ersehnten Frauen aus gutem Haus ab.

Wie Gustav Nagel über die Rolle der Frau in der Gesellschaft dachte, geht aus einen Brief an den Arendseer Postmeister vom 16. Dezember 1932 gut hervor, der heute nur noch zum Schmunzeln veranlaßt: *„Sehr geehrte Postdirektion – Früher sahen die angehenden Herren Postsekretäre, die uns am Schalter bedienten, erinnern darin, das sie nach bestandener Prüfung einen kurzen Degen tragen durften; da wollte ich, das der junge Nachwuchs dieser Herren Postsekretäre, der jetzt arbeitslos notgedrungen bettelnd auf der Straße liegt, diesen kurzen Degen nehmen könnte, um damit sämtliche jungen Mädchen, die als Postbeamtinnen ihre Stelle besetzt haben, zu Töten, wenn dieselben nicht bis zum Mai 1933 den Postdienst verlassen und ihnen ihren Postsekretärdienst nicht wieder eingeräumt haben; dies auch, damit wir Männer uns nicht mehr von den Mädchen auslachen und verhöhnen zu lassen brauchen, wenn sich unser Herz nach einer Gehilfin sehnt, die wir nach Gottes Schöpfungsbeschluß nötig haben.*

Die jungen Mädchen haben sich den Familien, der Haus- und Gartenwirtschaft mit Obst- und Gemüsebau und dem barmherzigen Samariterdienst zu widmen und müssen rechtzeitig wie kluge Jungfrauen dem Bräutigam zum Ehebund entgegen gehen. Denn wo zwei sich lieben und paaren, sich ein Haus bauen und Kinder zeugen, da ist ein Altar Gottes und das ist die Lebenszelle des Staates, die heilig, als unantastbar geachtet und geschützt werden müßte, vom übermäßigen Steuerdruck bewahrt;

zuerst ist dem Mädchen der Mann etwas Fremdes, im Brautstand aber wird er so etwas vertrautes, wird er der Liebste, zur Ehe aber neues er für sie ein sterben und begraben werden sein, ihm zu Leben, ihm zu gehören, getreu bis in den Tod, dann wird ihnen die goldene Krone des Lebens zuteil;

dies gilt auch für die in Geschäften und Büros tätigen jungen Mädchen, wo sie ebenfalls durch arbeitslose junge Männer ersetzt werden können und müssen;

Gott befohlen
Gustav Nagel
Wanderprediger und Tempelwächter von Gottes Gnaden"

Es gab auch den anderen Gustav Nagel, der mit romantischen Gedichten und Trompetenspiel nicht nur die Künstlerin Margarete Götze 1926 in seinen Bann zog. Sicherlich, er war ein sehr hübscher Mann und durch seine geringe körperliche Arbeit und das gesunde Leben auch ein sehr potenter Mann. Auf seine Anzeigen meldeten sich immer wieder mehrere Frauen, die gern mit Nagel zusammenleben wollten. Am 19. Januar 1927 gibt sein Dienstmädchen L.N. der Polizei zu Protokoll: *„Ich habe mit g.n. wiederholt geschlechtlichen Verkehr gehabt, dieser geschah ab den ersten Tagen meines Dienstantrittes. Es geschah hauptsächlich während der Abwesenheit der Kinder am Tage. Infolge der überaus starken geschlechtlichen Inanspruchnahme – zumal mit seinem unnormal großen Geschlechtsteil – gab ich die Stellung bei ihm auf. Ich bin jetzt unterleibsleidend und beabsichtige mich in ärztliche Behandlung zu begeben.“*

Auch von anderen Frauen und sogar von einer seiner Verlobten sind Protokolle bekannt, nach denen er – für die damalige Zeit fast unvorstellbar –, gleich mit zwei Frauen zusammenlebte. Doch darf man sich bei ihm keine Orgien vorstellen, dies erlaubte einfach die damalige kleinbürgerliche Arendseer Gesellschaft nicht. Vielleicht hat ein junger Mann heutzutage wesentlich mehr Eroberungen aufzuweisen als Nagel und gilt trotzdem nicht als Frauenheld. Allerdings muß man auch sagen, daß es sicherlich für eine Frau sogar noch nach dem Zweiten Weltkrieg – Nagel war über 70 Jahre alt!!! – nicht ungefährlich war,

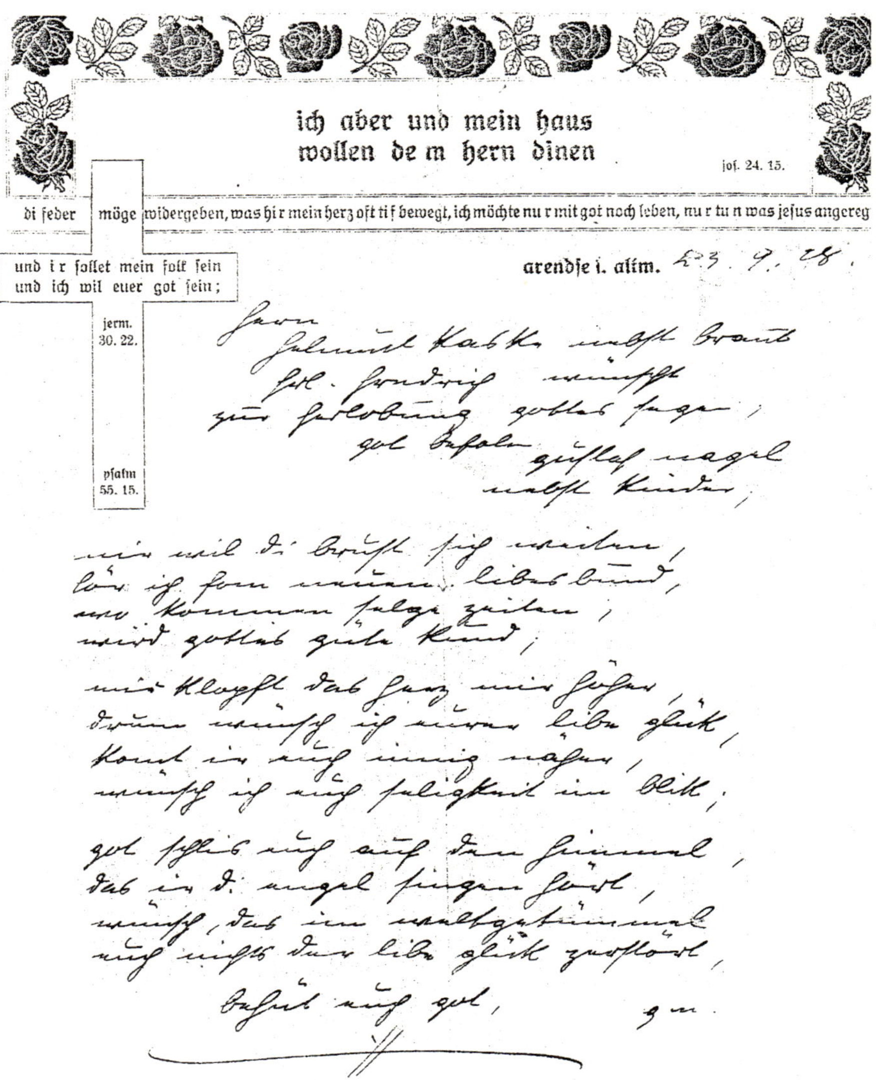

ich aber und mein haus
wollen dem hern dinen
jos. 24. 15.

di feder möge widergeben, was hir mein herz oft tif bewegt, ich möchte nur mit got noch leben, nur tun was jesus angereg

und ir sollet mein folk sein
und ich wil euer got sein;
jerm. 30. 22.

psalm 55. 15.

arendse i. altm. 23. 9. 28.

herrn
helmut kaske nebst braut
frl. hendrich wünscht
zur verlobung gottes segen;
got befolen gustaf nagel
nebst kinder,

nun weil die braut sich weihen,
hör ich fon meinem libesbund,
uns kommen selige zeiten,
wird gottes gute kund;

nun klopft das herz mir höher,
drum wünsch ich euren liben glück,
kommt ihr euch innig näher,
wünsch ich euch seligkeit im blick;

got schieb euch auf den himmel,
das ihr die engel singen hört,
wünsch, das ein weltgetümmel
euch nichts der liben glück zerstört,

befohlen euch got, g. n.

Heute ein begehrtes Sammelobjekt nicht nur in Arendsee – ein Rosenbrief von gustaf nagel an das Brautpaar Kaske vom 23. September 1928

alleine seine Wohnbaracke zu betreten, allzugern gingen seine Hände entlang der weiblichen Rundungen.

Entw. Fr. Gentsch.

Zum Abschluß dieses Kapitels mögen sieben von insgesamt 19 Strophen aus seinem Gedicht *di edlen frauen* stehen, in denen er die Schönheit und Tugend der Frauen beschreibt.

di edlen frauen

kenst du des schöpfers schönstes bild
das seine herrlichkeit fült aus,
das mannesbrust dekt wi ein schild
und selbst schmükt herlich jedes haus?

kenst du das weib als gotteskind,
dis weib, das sich dem heiland gab,
des sprache, hand und fus gelind
sind himmelsbalsam uns zur lab?

ein kelch der libe ist das weib,
fol duft, so schön und wonnig süs,
im hern ein edler menschenleib
den got uns männern werden lis;

der blumen pracht ist wunderschön,
doch schöner ist der frauen bild,
wen wir si einst wi blumen sen,
dan dekt auch uns der tugend schild;

ein kelch der libe ist das weib,
fol duft, so schön und wonnig süs,
im hern ein edler menschenleib
den got uns männern werden lis;

ein leib, der fruchtbarkeit geweit,
fon treuer innigkeit durchglüt,
ein glid, das würdig eingereit,
zur lebensfreude uns erblüt;

ich grüße euch ir edlen frau'n
got sei mit euch auf eurer ban,
das herz kan man euch anfertrau'n,
mit got und euch wird wolgetan.

4

Zu Besuch im Garten Eden

Obwohl die finanzielle Lage der Familie Nagel vor allem durch den Ersten Weltkrieg immer prekärer wurde – Nagel hatte man den Wandergewerbeschein entzogen und den Verkauf seiner Schriften verboten –, ließ er sich in seinen Plänen, eine Heimstätte für Sonnenanbeter und Gleichgesinnte zu schaffen, nicht beirren. 1913 baute Gustav Nagel seine kleine Wohnbaracke weiter aus. Sie wurde das spartanische Zuhause für die ganze Familie und als einziger Teil des Gartens für den Besucher nicht zugänglich. Danach errichtete er das Seemannsgrab und den Eckstein. Von diesem Stein wird erzählt, daß er nur deshalb so weit vorn und ungünstig am Weg aufgebaut wurde, damit der Tempelwächter, wie sich Gustav Nagel seit dieser Zeit auch nannte, allen seinen mißgünstigen Zeitgenossen zeigen konnte, woran sich seine Spötter und Neider einmal stoßen würden.

gustaf nagels kurhalle am arendse i. altmark

Noch 1913 begann er, gemeinsam mit dem Arendseer Maurermeister Haverland, sein wohl bekanntestes Bauwerk, den Seetempel, zu errichten. Dieser wurde in einem zeitgenössischen Artikel der Zeitung *Der Leipziger* wie folgt beschrieben: „*Unten ist es eine Art Grotte, deren Dach wieder auf den kurzen, aus gerauhtem Stein gefügten Säulen ruht, die er zu lieben scheint. Die Grotte hat allerlei Nischen mystischer Bedeutung, in einer gewahrte ich etwas wie einen Altar, aus dem strebten die langen spitzen Blätter der Iris wie züngelnde Flammen empor, auf einer anderen Stelle scheinen mir trockene Halme und Früchte zu liegen und neben der Grotte führten ein paar Stufen empor auf ihr Dach, das eine Art Plattform bildete. Auf den Spitzen der Ecksäulen, die die Plattform überragen, wimpelten lustig kleine weiße Fähnchen.*“

Dieser erste Bauabschnitt im Paradiesgarten ist mit seinen lotus- und penisförmigen Säulen und den symbolischen Formen sehr stark an die Lehren und Formen der Künstler um Diefenbach und Fidus angelehnt, die er von seiner Jerusalem-Wanderung her kannte. Die Baumaterialien, die

Gustav Nagel für den Bau der einzelnen Bauten verwendete, sind sehr einfach. So wurde ein Großteil seiner Säulen zum Beispiel mit Mauerwerksschutt bzw. Schlacke aus Wittenberge hergestellt. Sie wurden mit einem Drahtgeflecht ummantelt und danach mit Beton gefüllt. Nach dem Abbinden der Säulen wurde die Säulenoberfläche aus rauhem Spritzbewurf oder wie an seinen Bauten aus einer Löffelstruktur aus einem Zementgemisch hergestellt.

Die Wohnbaracke und der Oberbau seines Seetempels waren aus Holz. Obwohl fast alle im Garten aus Geldmangel, aber auch aus Freude am Bauen und Gestalten, von Nagel selbst hergestellten Bauten aus Holz, Draht und Spritzbeton oft an eine „Kleckerburg -Architektur“ erinnern, umgab das Gartenensemble bald besonders in den Sommermonaten ein unverwechselbarer, mystischer Reiz. Dieser wurde bei einem Besuch des Gartens, als er noch mit der Person Gustav Nagel vollständig war, zu einem unvergeßlichen Erlebnis für viele Besucher.

Nach der Fertigstellung des Seetempels 1920 entstanden weitere Ausbauten an seiner Wohnbaracke. Ein Schwanenhaus, Harmoniumhäuschen, eine Jesusplastik sowie der Bootssteg mit Taufbecken wurden bis 1925 im Paradiesgarten aufgestellt. 1930 endete seine Bautätigkeit mit der Errichtung der Kurhalle. Dieser letzte große Bau Gustav Nagels unterscheidet sich stark von den vorhergehenden Bauten. Erstmals nutzte er sein oberhalb des Gartens gelegenes Gartengrundstück zum Bauen. Dadurch erweiterte er die Sehenswürdigkeiten seines Garten und schaffte Platz für die zahlreichen Besucher, die hier ausruhen sollten.

Diese Halle nutzte er vorwiegend zum Verkauf seiner Säfte sowie im Sommer auch zum Wohnen. Da er immer wieder Schwierigkeiten mit der Baupolizei hatte, die meisten seiner Bauten sind ohne die auch damals schon geforderte Baugenehmigung entstanden, brach er mit seinen architektonischen Traditionen. Er reichte Skizzen und Bauzeichnungen ein und errichtete auf dem Seeberg in Richtung Stadt den dreizehnseitigen Bau mit gewölbter Kuppel und Rundbogenfenstern. Diese Bauformen hat Gustav Nagel wahrscheinlich schon einmal gesehen, als er von Jerusalem kommend über Konstantinopel durch den Balkan wanderte. Wohlhabend, aber auch älter geworden, errichtet er diesen Bau nicht mehr selbst, sondern ließ die Arbeit vom Arendseer Maurermeister Helmut Kaske 1929/1930 ausführen.

Als ihm im August 1929 ein Baustop für die Kurhalle verhängt wird, gelingt es ihm, 115 Arendseer Bürger für eine Petition zu gewinnen in der zu lesen ist: *„Wir unterzeichnenden Bürger von Arendsee i. Altm. begrüßen mit Freuden die Fertigstellung der von Herrn Nagel geplanten Säulenaussichtshalle. Wird doch dadurch den Arendsee besuchenden Fremden ein herrlicher und würdevoller Ausblick auf unseren schönen Arendsee gegeben. Ohne Zweifel ist Herr Nagel geschäftsfähig, das beweist sein reger Besuchsverkehr, den er auch wieder durch diesen schönen Neubau zu fesseln versteht. Zum Besten auch für unsere Geschäftsleute, da er das Publikum an die Stadt fesselt. Wir sind erfreut, das auch Arendsee eine Kurhalle bekommt, womit andere berühmte Badeorte als mit ihrem Prunkstück Reklame machen, daß viele Kurgäste von Nah und Fern dadurch angezogen werden. Auch wir wünschen im Interesse von Arendsee sofortige Genehmigung und rechtbaldige Fertigstellung, wozu wir Gottes reichsten Segen wünschen.“* 1930 wird der Bau fertiggestellt und eingeweiht.

Was nur wenige Arendseer wissen ist, daß Gustav Nagel noch 1916 einen Bauantrag, vom Maurermeister Haverland erstellt, bei der Stadt eingereicht hatte, nach dem er sich ein recht großes Wohnhaus mit Keller, Obergeschoß und Aussichtsturm auf seinem Grundstück errichten wollte.

und 1932 erhielt er die Genehmigung zum Bau eines massiven Wohnhauses, 7,50m x 5,00m, mit Außentreppe und ausgebautem Dachgeschoß, das er an Stelle der Wohnbaracke errichtet wollte. Beide Bauten sind aus Geldmangel nicht entstanden, ebenso auch ein großer Backofen mit Trokkenraum 1924.

Wie ein Besuch in Nagels Paradiesgarten vor sich ging, ist unter anderem in der *Chemnitzer Tageszeitung* vom 2. September 1934 so beschrieben worden:

„Bald sind wir vor der Pforte angelangt. 'der her ist mein got' steht auf dem Torbogen. 'Fünfzehn Pfennig Eintritt á Person', sagt ein Mann im mittleren Alter, der in einer kleinen Grotte auf einem Tisch sitzt und scheinbar infolge des noch schlechten Besuches etwas mißmutig vor sich hinblickt. Wir entrichten unsern Obolus und schreiten über einen schmalen Weg an Kirschbäumen, Büschen und wild wachsenden Blumen vorbei und stehen dann auf dem Tempelhof. Es ist gerade Mittagszeit. Wir sind noch ganz allein. Vor uns liegt dicht am See der Tempel, ein unregelmäßiger Bau mit etwas windschiefen, weiß getünchten Wänden, von einer mit Dachpappe belegten Kuppel bedeckt. Das obere Stockwerk ruht auf sieben Säulen, die nach der Seeseite hin verdeckt sind. Eine kaum einen Meter hohe Mauer grenzt den unteren Tempelraum von dem Hof ab.

Wir treten näher und lassen unsere Blicke in das Innere schweifen. Aus Zement, Felsbrocken und Muschelkalk ist eine Grotte gebaut. Rechts sieht man im Halbrelief einen Kopf, der Aehnlichkeit mit Bismarck hat. 'fürchtet got', steht darunter. In der Mitte der Tempelgrotte befindet sich die Anlage eines Springbrunnens, und links davon soll scheinbar durch rot-angestrichene gezackte Eisenblechstreifen, die von Holzkohlestückchen umgeben sind, auf einem Felsvorsprung ein Feuer dargestellt werden. Engelsköpfe befinden sich darüber und die Inschrift 'sei deutsch'. Wir schütteln den Kopf und wenden uns ab.

Neben dem Tempel ist ebenfalls aus Muschelkalk und Felsbrocken eine etwas erhöhte Nische gebaut, in der ein altes Harmonium steht. Ein Buch mit selbstgeschriebenen Noten liegt auf dem Stuhl. An der linken Hofseite scheint die Behausung gustaf nagels zu liegen. Ein hoher, grün angestrichener Bretterzaun schützt das dahinterliegende Holzhäuschen vor neugierigen Blicken. Ein Anschlag 'habe heiße sand- und sonnenbäder und naturkundliche behandlung anzubiten', macht uns mit der seltsamen Orthographie gustaf nagels bekannt. Noch ist niemand zu sehen, alles ist still ringsum. Zwei kleine schwarze Hunde spielen im Sonnenschein und wälzen sich im Sand. Auf dem See rattert ein mit Ausflüglern besetztes Motorboot vorbei. An Bord hat sich ein Sprechchor gebildet: 'Gustaf!' – 'Gustaf!' – 'Gustaf!', schallen die langgezogenen Rufe über das Wasser.

Die Tür des Tempels öffnet sich. Eine große Gestalt mit wallenden Haaren tritt heraus und winkt zum Boot hinüber, um an Bord eine unbändige Heiterkeit auszulösen. Jetzt hat er auch uns entdeckt, schreitet auf uns zu und schüttelt uns die Hand. 'Grüß Gott, ich freue mich, daß Sie gekommen sind. Warten Sie noch einen kleinen Augenblick, ich bin gleich wieder da.' Er verschwindet hinter dem grünen Bretterzaun und kommt nach einer Weile wieder zurück. Sein dunkles Gewand hat er mit einem rosaseidenen Hemd, das von einem Strick zusammengehalten wird, vertauscht. Die bloßen Füße stecken in selbst angefertigten Sandalen. Der goldene Zwicker, der an einer langen schwarzen Schnur am Körper baumelt, ist zwar etwas stilwidrig aber wer schlechte Augen hat, soll bekanntlich ein Glas tragen.

'Nehmen Sie doch bitte Platz', er zeigt auf eine Bank neben dem Tempel und bietet uns eine Schale Kirschen an.

'Eigene Zucht, Herr Nagel?'

'Ja, ja, auf meine Kirschen bin ich stolz.'

'Wie lange wohnen Sie schon hier am See?'

'Vor vierundzwanzig Jahren habe ich mit dem Bau begonnen. Mit achtzehn Jahren war ich schon Vegetarier ... – dort im Hintergrund sehen Sie das himmlische Jerusalem, und hier vorn ...', er zeigt auf den Springbrunnen und wendet sich dann um. 'Adolf – Adolf!'

Ein hochgewachsener braungebrannter Junge, ebenfalls mit wallenden Haaren taucht aus dem Schilf am Ufer auf.

'Adolf, stell mal die Fontäne an!'

Er verschwindet im Hintergrund. Ein dünner Wasserstrahl zischt empor. 'Sehen Sie, das ist das sprudelnde Leben.'

'Aber das müßte doch eigentlich dauernd sprudeln', sagt ein Besucher.

'Das geht leider nicht, weil immer erst einer pumpen muß. – Hier die rechte Seite des Tempels ist der Liebe gewidmet und zwar der Liebe zu Deutschland. Dieses ist der Altar der flammenden Vaterlandsliebe', er zeigt auf den Felsvorsprung mit den rot angestrichenen Eisenblechstreifen und den Holzkohlestückchen. 'So, jetzt wollen wir einmal nach oben gehen!'

Im Gänsemarsch folgen wir ihm über die schmale Steintreppe in das obere Tempelgeschoß. Bilder, eingerahmte Postkarten und Briefe, Kreuze, Fahnen und ähnliche Dinge bedecken die Wände.

oben: Bootspartie am Seetempel
unten: Das Innenleben des Seetempels

'Sehen Sie hier!' Gustav Nagel ergreift eine weißseidene, stark zerschlissene Fahne. 'das ist meine Friedensfahne. Mit dieser Fahne bin ich einst kreuz und quer durch Deutschland gewandert.' ...

Es ist inzwischen Nachmittag geworden. Johannes macht an der Kasse ein freundliches Gesicht. Das Geschäft scheint sich zu entwickeln. Er hat alle Hände voll zu tun...

Bereits ein Jahr später, am 6. September 1935, kann man in derselben Zeitung einen interessanten Bericht über Nagel lesen, in dem auch das Innere des Seetempels beschrieben wird: *„Grüß Gott', sagt er und streckt dem Besucher die Hand entgegen –'Dreißig Pfennige, bitte!' Man hat kaum Zeit, sich über die Geschäftstüchtigkeit dieses Mannes zu wundern, denn die Führung durch die Sehenswürdigkeiten nimmt sofort ihren Anfang. In Form eines 'Gottesdienstes' erläutert er singend und predigend seine Merkwürdigkeiten. Zunächst spricht er über die Symbole, die sich in der Tempelgrotte befinden, erzählt von der Macht des Wassers und vergleicht das menschliche Leben mit einem in der Grotte lustig plät-*

oben: Ein Augenblick der Besinnung im Garten Eden vor der Jesus-Statue

unten: Postkarte um 1930

schernden Springbrunnen. Dann geht es in das Allerheiligste, in das Innere des Tempels hinein. Eine Wand ist gänzlich mit Anerkennungsschreiben tapeziert, unter denen sich auch solche ehemaliger maßgeblicher Persönlichkeiten befinden. Zu diesen gehört ein Brief des letzten Kaisers, in dem sich dieser für ein Gedicht bedankt (!), das gustaf nagel ihm im Jahre 1924 widmete. Gustaf ist auf dieses Schreiben ganz besonders stolz."

gustaf nagel, Besucher durch den Garten führend

5

Als gustaf nagel in den Reichstag wollte

Gustav Nagel befand sich in den 20er und 30er Jahren auf dem absoluten Höhepunkt seines Pilgerweges, jährlich besuchten ihn trotz Weltwirtschaftskrise über 10.000 Menschen. 1922 kosteten bei ihm eine *„tempelbotschaft"* 16 RM, sein *„lebensprogram"* zwei RM und seine *„erklärung des faterunsers"* eine RM, die begehrten Ansichtskarten vom Paradiesgarten oder mit seinem Bildnis kosteten gar 1,50 RM. Er entwickelte sich – nicht zuletzt durch den Verkauf seiner Karten und Schriften sowie den Eintritt in seinen Garten – zu einem wichtigen touristischen und ökonomischen Faktor in Arendsee. So verkaufte er von Mai bis September 1928 insgesamt 10.537 Eintrittskarten für seinen Tempelgarten. Nagel wurde nach seinen eigenen Angaben zum größten Steuerzahler der Stadt mit jährlich 4.000 RM Umsatz- und 3.000 RM Einkommensteuer.

Der Reichstagskandidat im Gespräch mit Wählern

Ungeachtet dieser ökonomischen Bedeutung für die Stadt und natürlich auch für den Tourismus hatte Nagel oft Streit mit der Stadtverwaltung, die ihn teilweise mit viel Unverständnis betrachtete.

Im Jahre 1924 begann er, sich einer neuen Aufgabe zu stellen: Er bewarb sich um ein Reichstagsmandat zu den Dezemberwahlen. – Zwar ist er da als Lebensreformer und Naturmensch nicht allein auf der Liste, denn auch sein großer „Gegenspieler" Haeusser tritt mit wesentlich mehr Aufwand und Gefolge mit seinem Haeusserbund zu den Wahlen an. Warum Gustav Nagel in der kurzen Zeit zwischen den Mai- und Dezemberwahlen 1924 zum Politiker wird, läßt sich nicht genau nachvollziehen. Sicher ist, daß er wie viele andere Deutsche auch nach dem Rücktritt Stresemanns endlich wieder eine funktionsfähige, starke Regierung wollte. Dies war nach den Mai-Wahlen nicht der Fall, und es dauerte nur kurze Zeit, bis der Reichstag wieder aufgelöst wurde. Gustav Nagel erregte dies sehr, und da er die zur Wahl stehenden Parteien, einschließlich den

Haeusserbund, für unfähig hielt, die wirtschaftlichen Probleme des Landes zu lösen, entschloß er sich, selbstbewußt wie er war, für seine politischen Ziele selbst zu kämpfen.

Gustav Nagel hatte zuvor seine Vorstellungen von einem alternativen „gottgefälligen" Leben in einem Programm verfaßt, das er für fünf Pfennige während seines Wahlkampfes verkaufte. Da es keine Personenwahl gab, gründete er seine Einmannpartei, die *deutsch-kristliche folkspartei*, die ab 1928 den Zusatz *mittelstands-folkspartei* führte. Mit ihr trat er, auf Listenplatz 33 stehend, als Einzelperson zu den Wahlen am 7. Dezember 1924 an.

Dieses Parteiprogramm verdient eine größere Beachtung, da Nagel selbst hier erstmals seine politischen Ziele darlegte. Im Gegensatz zu seinem Programm von 1929 war es jedoch noch nicht so klar geordnet und ausgereift. Es wurde wahrscheinlich sogar unter Zeitnot verfaßt und hat nur eine eindeutige Botschaft: Wenn alle wieder an Gott glauben, wird er auch Deutschland helfen. Daher begann sein Wahlprogramm mit einem einseitigen Auszug aus Luthers *Kleinen Katechismus*, der aber überraschend mit dem Satz endet: *„am deutschen wesen sol di welt genesen;"*.

Seine eigentlichen politischen Aussagen bezogen sich auf die nach dem Ersten Weltkrieg verlorengegangenen deutschen Gebiete. Er verlangte die Rückgabe der Kolonien sowie der Ostgebiete. Dabei räumte er Frankreich als „Versöhnungsgabe" Elsaß-Lothringen ein und „schenkte" dem neugegründeten Polen als „Patengabe" auch Ländereien, der Korridor nach Ostpreußen durfte jedoch nicht gefährdet werden. Weitere Punkte sind, zum besseren Verständnis „übersetzt":

– *„Da die Gottesfurcht aller Weisheit Anfang ist und wir nur im Kreuzeszeichen siegen können, so ist die Religion nicht nur Privatsache, sondern auch Staatssache, somit muß sich auch der Staat unter die Führung des einen guten Hirten Jesu Christus stellen und sind alle anderen Priester nur Hirten von Jesus Christi, somit nicht nur staatlich ausgebildete Priester, sondern auch von Gott selbst dazu berufene das Recht zum predigen haben sollen mit allen Auswirkungen christlicher Seelsorge;*

– Da die Freiheit das höchste Gut ist, trete ich für Religionsfreiheit, für Gewissensfreiheit und für Freiheit in der Heilkunde ein. Daß also nicht nur die heidnische Medizin mit ihrem Impf- und Krankenkassenzwang die Alleinherrschaft führt, sondern sich jeder selbst wählen kann, wie er sich behandeln lassen will. Kein Heilkundiger die Pflicht hat, auch noch die Heilmethoden entgegengesetzter Anschauungen angewendet haben muß, so er nicht für den Tod seines Patienten verantwortlich gemacht werden will.

– Da die Ehe die Grundlage zum Aufbau eines Gott wohlgefälligen und glücklichen Lebens in der Liebe ist und die Liebe das höchste persönliche Gut des Menschen ist, darf die Ehe nicht einem staatlichen Zwange unterliegen, der an Vergewaltigung der Liebe grenzt. Die Ehe muß immer persönlicher Entscheidungen der Betroffenen selber in Gottes Ordnung dienstbar sein können.

– Da der gesunde Mittelstand die Gewähr für ein wohlhabendes Volk bietet, dort der Meister sein eigener Herr und sein eigener Kapitalist ist, während er beim Großkapitalisten außerhalb des Kapitals steht. Auch dem Mittelstand, der geistig und wirtschaftlich befruchtender Volkskörper ist, sind die Wege zu öffnen, auch muß für eine gut besoldete pflichtgetreue Beamtenschaft als notwendige Stütze des Staates Sorge getragen werden und das Eigentumsrecht im unverschuldeten Falle unantastbar heilig bleiben, es darf nicht falsche Steuerbedrückung entwürdigt werden und da sich alles möglichst im Sonnenkreis bewegen muß, sind Gartenstädte und Schulweiden (Nacktliegewiesen, d.A.) einzurichten, wobei die Herausbildung sittlicher und brauchbarer Persönlichkeiten mit gesundem Körper und von Gott erleuchtetem Geiste in den Vordergrund tritt.

– Kunst und Wissenschaft muß steuerfreie Bahn zur Belehrung und Volksbildung haben, dem tüchtigen freie Bahn, dem Armen Entfaltungsmöglichkeiten. Durch Tüchtigkeit ins Wohlstandsgebiet kommen zu können, wozu soziale Beratungs-, Belehrungs- und Ausbildungsmöglichkeiten gepflegt werden müssen.

– Turnen und Sport und Gesang müssen gefördert werden.

Diese Punkte sind leicht abgewandelt auch heute noch sehr aktuell, und so mancher Leser kann sich hier mit Gustav Nagels Ideen anfreunden. Leider enthält dieses Programm auch einige „Entgleisungen". So sah er als einen der Hauptschuldigen für die schlechte wirtschaftliche und politische Lage „christenfeindliche jüdische Elemente". Er schloß in seinem Programm mit den Worten: „*Und so hoffe ich, daß ich im Namen Jesus Christi und im Geiste Kaiser Wilhelms I. und mit Hilfe der An- und Aussprachen der übrigen Reichstagsabgeordneten alle in den Vordergrund tretenden und noch hervorzuholenden reich und allseitig verzweigten Lebensinteressen des ganzen deutschen Volkes zur glücklichen Lösung führen helfen und der sozialen und barmherzigen Fürsorge meine ganze Aufmerksamkeit schenken kann. Dazu mir Gott helfe, Gustav Nagel.*"

Mit diesem Programm eröffnete er im September 1924 seinen Wahlkampf. Dieser stand ganz im Gegensatz zu Haeusser, der in Nord- und Mitteldeutschland und besonders im Berliner und Hamburger Raum zahl-

deutsch kristliche folkspartei

das folksbewustsein;

ich glaube an einen almächtigen schöpfer himmels und der erden, und an jesum kristum, seinen eingeborenen son, unserm hern, der emfangen ist fom heiligen geist, geboren fon der jungfrau maria, gelitten unter ponzius pilatus, gekreuzigt, gestorben und begraben; nidergefaren zur hölle, am 3. tage wider auferstanden fon den toten, aufgefaren gen himmel, sizend zur rechten gottes, des almächtigen faters, fon dannen er kommen wird zu richten di lebendigen und di toten;

ich glaube an den heiligen geist, eine heilige algemeine kristliche kirche, di gemeinde der heiligen, fergebung der sünden, auferstehung des fleisches und ein ewiges leben;

ich glaube, das ich in jesus kristus, so wi got mich schuf, di beste körperform besize zum gesunden und glüklichen leben in der libe, dessen ich mich wi auch seines ewangeliums nicht zu schämen brauche, sondern mir beide nüzlich und brauchbar sind zu allen guten werken, dazu mir got helfe, amen;

---

kreisrund sind sonne mond und sterne, in kreisen folzit sich ire ban, kreisrund ist das folksbewustsein, welches sich aus den ferschidenen parteistandpunkten zusammensezt, und deren mittelpunkt der jeweilige könig oder präsident ist, und aus welchem di erneuerung des folkes und di widergeburt in der warheit herforget und jesus kristus spricht: ich bin di warheit und das leben, wer an mich glaubt, wird nicht ferloren werden;

jeder parteistandpunkt hat wol eine warheit, aber nicht di ganze warheit, di ganze warheit hat nur derjenige, der über allen parteien stet und das ganze folksbewustsein hat;

mein deutsch-kristlicher folkspartei-standpunkt ergibt sich, indem ich mich gläubig unter das kreuz fon goljata beuge, wobei ich demütig ergeben meinen willen gegen gottes willen eintausche und dan den mir fon got offenbarten willen als meinen willen öffentlich zum wole meines deutschen faterlandes und des deutschen folkes durch wort und tat zu ferwirklichen suche, damit sein guter klang durch alle lande und durch alle fölker fon got gesegnet glüklich widerklingt, das war wird wi man spricht

am deutschen wesen sol di welt genesen;

---

preis 5 pfg.

reiche Anhänger hatte. Auch standen neben Haeusser seine Freunde Rittmeister Graf Adolf von Bothmer, Adele Juels und Suhr auf der Wahlliste. Am 23. März hatte Haeusser in einem genialen politischen Schachzug Hindenburg die Kandidatur in seinem Haeusserbund angeboten und Wolffheims „Bund der Kommunisten“ (Nationalkommunisten) auf eine gemeinsame Kandidatur festgelegt. Bei den Wahlen am 4. Mai 1924 erhielt der Haeusserbund immerhin knapp 25.000 Stimmen.

Diese besonders durch die sehr angespannte wirtschaftliche Lage und einen durch den Rücktritt von Stresemanns arbeitsunfähigen Reichstag geprägten Wahlen waren das einzige Mal, daß ein „barfüßiger Prophet“ eine realistische Chance hatte, in den Deutschen Reichstag einzuziehen. Dieser Erfolg Haeussers hat sicherlich auch den in ganz Deutschland nicht minder bekannten Gustav Nagel zur Reichstagskandidatur angeregt. Bereits die Neuwahlen zum Reichstag am 7. Dezember 1924 stellten jedoch die politischen Relationen wieder her. Der erkrankte Haeusser erhielt nur noch 9.734 Stimmen, und Gustav Nagel bekam immerhin noch 4.287 Stimmen von Menschen, die sich ihn, barfuß und im Talar, aber mit einer guten Redegewandheit, im Reichstag vorstellen konnten.

Wie sehr sich Gustav Nagel über das Scheitern bei den Wahlen ärgerte, zeigt ein Leserbrief an eine Berliner Zeitung vom 29. Dezember 1924, den er mit Arminius unterschrieb. Dort ist zu lesen; *„Es ist gustaf nagel, der tempelwächter, der hier sein Herz ausschüttet. Nun erst spüren wir, welch bitteres Unrecht ihm widerfuhr, da wir ihn nicht zum Mitglied des Reichstag erwählt haben. Doch er ist nicht undankbar, er zeigt uns den Weg, den wir im neuen Jahre wandern müssen.“*

Auch zu den Reichstagswahlen am 20. Mai 1928 trat Nagel mit seiner deutsch-kristlichen (mittelstands-) folkspartei an, erhielt aber nur noch 901 Stimmen, sein Mitstreiter Haeusser verstarb bereits am 4. Juni 1927 in Berlin.

In seinem Manifest aus dem Jahre 1928, das er im Januar 1929 zum Programm seiner Partei erweitert, legte der Politiker Nagel wohl am anschaulichsten seine Gedanken zur Erneuerung des Deutschen Reiches dar. Dort schrieb er unter anderem (wieder übersetzt):

„Grüß Gott, was denk ich wohl als deutscher Mann, wie sich das Reich erneuern kann?

1. Durch Gottergebenheit, Wehrhaftmachung des Volkes und Schaffung von Eigenheimen in sonniger Gartenstadt mit Obstbauernschaft.

2. Durch Schaffung von selbständigen Mittelstandwerkstätten und Bleiben im Rahmen des Mittelstandes sämtlicher Berufe.

3. Durch sittliche Charakterbildung, bei persönlicher Freiheit im Gewissensbunde mit Gott, in Jesus Christus-Gewissensfreiheit.

4. Durch Gottesvertrauen und Selbstvertrauen, gottesfürchtig und deutsch sein; nicht auf den Rat jener Völker hören, die sich uns als falsch und feindlich bewiesen haben, sondern den Rat Gottes hören und befolgen.

5. Durch naturgemäße Gesundheitspflege ohne Vorherrschaft der heidnischen Schulmedizin, da die Heilkunde vornehmlich eine Sache Gottes und seiner Priester und von ihm begnadeter Heilkundiger ist; durch freie Heilkunde.

6. Durch geschwisterliche kirchliche Gemeinschaftspflege und Offenherzigkeit der ehelichen Liebe zur Harmonie und Fruchtbarkeit des Lebens.

7. Durch Schaffung von Weideschulen mit Nacktkultur, Turnen, Schwimmen, Sport und Kraft bei edler Geistes-, Körper- und Wirtschaftskultur.

Es enthielt neben den bereits im 1924er Programm erläuterten „grünen" Punkten auch verwirrende Aus-

Auf Wanderschaft mit einer Friedensfahne, um 1925

manifest;

grüß got,

was denk ich wol als deutscher man, wi sich das reich erneuern kan?

1. durch gotergebenheit werhaftmachung des folkes und schaffung fon eigenheimen in sonniger gartenstad mit obstbauernschaft;
2. durch schaffung fon selbständigen mittelstandswerkstätten und bleiben im ramen des mittelstandes sämtlicher berufe;
3. durch sitliche karakterbildung, bei persönlicher freiheit im gewißensbunde mit got, in jesus kristus — gewißensfreiheit;
4. durch gotfertrauen und selbstfertrauen, gottesfürchtig und deutsch sein; nicht auf den rat jener fölker hören, di sich uns als falsch und feindlich bewisen haben, sondern den rat gottes hören und befolgen;
5. durch naturgemäße gesundheitsflege one forherschaft der heidnischen schulmedizin, da di Heilkunst fornemlich eine sache gottes und seiner prister und fon im begnadeter heilkundiger ist;
6. durch geschwisterliche kirchliche gemeinschaftsflege und offenherzigkeit der ehelichen libe, zur harmoni und fruchtbarkeit des lebens;
7. durch schaffung fon weideschulen mit naktkultur, turnen, schwimmen, sport und gesang bei edler geistes — körper — und wirtschaftskultur;

das ist der blüte feinster duft
im sonnenschein der frischen luft;

macht zur entseuchung und gesundung des folkes zur neuansidlung freie ban, indem kleine ortschaften je nach bedarf zur mittelstandsgartenstad-gliderung bis höchstens 8000 einwonern ausparzellirt bereitgestelt werden, wobei besondere naturschönheiten und bäume als bleibend zu berüksichtigen sind, und nicht nur gerade, sondern auch geschlungene und kreisrunde wege angelegt werden und fornemlich auch einstökkige wonhäuser gebaut werden können mit for- und hintergarten und draußen etwas akkerland, damit jeder zu haus seine welt für sich haben kan; hirzu müßen brachland und sümfe urbar gemacht werden und mus bei regelung fon waßerläufen darauf geachtet werden, das dadurch nicht bisher gutes land zu trokken gelegt und entwertet wird, und darf grosgrundbesiz beim ferkauf nur in umwandlung zu mittelstandsbesiztümern fon 4 bis höchstens 40 morgen land weiter feräußert werden;

laub- und nadelwaldungen, obst- und nushaine, anlagen und promenadenwege müßen bis in das weichbild der ortschaft hineinragend gesicherten plaz behalten und wo sie noch nicht forhanden sind, angeflanzt werden, damit jeder stadbewoner wider ein menschenwürdiges sonniges dasein erhält und di kinder gesund und frölich gut gedeihen können;

sagen zur Herausbildung eines neuen Kaiserreiches und wieder mehrere persönliche Probleme wie die Scheidung von seiner zweiten Frau und baupolizeiliche Auflagen zum Bau seines Kurhauses.

Zu den Reichstagswahlen am 14. September 1930 trat er unter anderen im Wahlkreis Potsdam 1 an. Hier war er auf Liste 17 mit seiner deutsch-kristlichen (mittelstands-)folkspartei ausgewiesen. Er war wieder der einzige Kandidat seiner Liste. Natürlich hatten auch zu diesen Wahlen wieder die Zeitungen auf eine Kandidatur Nagels gehofft, und es verwundert nicht, daß dies dem *Berliner Tageblatt* vom 26. August 1930 folgende Zeilen wert ist. „*Hier Gustav Nagel. – Eine sanfte Stimme kommt über den Telefondraht zwischen Berlin und Arendsee in der Altmark, dem Sitz des Naturmenschen, Religionsstifters, Wanderpredigers und Tempelwächters von Gottesgnaden, wie er sich selbst in rühmlicher Bescheidenheit nennt. Seit wenigen Wochen hat er einen neuen Beruf – den des Reichstagskandidaten.*“

Er hat sein gesamtes Programm neu überarbeitet, jedoch sind die Hauptpunkte seit 1924 fast gleich, er fordert nun:

1. Volkstum und Reichsgottestum muß parallel laufend Hand in Hand gehn.
2. Meister- und Künstlerschaft muß sich selbständig entfalten können.
3. Die Ehe ist Lebensunterpfand.
4. Gott heilige uns durch und durch, ehrlich währt am längsten.
5. Das Finanzwesen muß in erster Linie dem örtlichen Bürgertum dienen.
6. Der Austauschhandel muß im Inland ungehindert vor sich gehen können.

7. Die breite Volksmasse beginnt das Bewußtsein der selbständigen Daseinsberechtigung zum Wohlstand und Glück, wie ein in Ohnmacht fallender, zu verlieren, man blickt abwartend gleichgültig in die dunkle Zukunft hinein, während das Leben und Gott verlangen „Kampf bis zum Sieg".

8. Zur Volksgesundheitspflege muß die Heilkunde als eine Gottes- und Priestersache behandelt und bewertet werden.

9. Zum Streben nach dem Weltfrieden muß der Versöhnungswille von England ausgehen, da auch von dort die Umkreisungspolitik zum Weltkrieg ausging.

Als letzten Punkt seines Programmes bringt er sich dann mit flammenden Worten selbst ins Spiel.

„10. Der Geist Gottes treibt mich mit Flügeln der Inbrunst, daß ich für die Deutsch-Kristliche Mittelstands Volkspartei kandidiere, damit das christlich gläubige und die intelligente selbstständige Lebensmeisterschaft des deutschen Volks zur deutschen Einigkeit und Freiheit parlamentarisch zum Ziel genommen wird, damit am deutschen Wesen die Welt kann genesen;

blickt auch ihr zur Reichstagswahl nicht blöde und wie Ohnmächtig, lau eingestellt, nichtssagend drein, wo schwere Ungewitter heraufziehen und entscheidend das Los fürs deutsche Volk bestimmen wollen; respektiere meine Eigenart und wählt meine deutsch kristliche Mittelstandes Volkspartei."

Überraschend bei diesem Programm ist vor allem, daß es keine Lobgesänge auf den Kaiser und Hindenburg enthält, sondern sich wieder deutlich stärker dem Deutschnationalen annähert. Dies macht aus Nagel noch lange keinen Hitler-Sympathisanten, er stimmt jedoch stark mit der „Blut und Ehre"-Ideologie überein. Auch diesmal erhält er nur wenige Stimmen und erscheint erst gar nicht auf den offiziellen Gesamtergebnislisten.

Zu den Reichstagswahlen am 31. Juli 1932 wird ihm das Wahlrecht entzogen.

Wie sieht nun der Wahlkampf von Gustav Nagel aus? Nicht zuletzt auf Grund seines großen Bekanntheitsgrades kommen hunderte Menschen und die Presse zu allen seinen Wahlveranstaltungen. Selbst Kurt Tucholsky läßt es sich nicht nehmen, eine seiner Wahlveranstaltungen in Berlin zu besuchen. In seinem Buch *Merkt Ihr nischt –?* schrieb er im berliner Dialekt unter anderem: *„Denn wak noch bei die kleinern Pachteien. Ick wah bei den Alljemeinen Deutschen Mietabund, da jabs hellet Bia; und denn bei den Tannenberchbund, wo Ludendorff mitmacht, da jabs Schwedenpunsch; und denn bei die Häußerpachtei, die wähln bloß in Badehosn, un da wah ooch Justaf Nahrl, der is natürlicher Naturmensch von Beruf; und denn wack bei die Wüchtschaftspachtei, ...*"

Und im *Burgdorfer Kreisblatt* vom 13. November 1924 stand nicht grade schmeichelhaft *„Einer, der noch im Reichstag fehlt. Gustav Nagel aus Arendsee, der seine Volkstümlichkeit in allen Teilen des Reiches seiner eigenen Orthographie, nicht minder aber seinem komischen Ruf als Wanderprediger verdankt, hat sich selbst als Reichstags-Kandidat der deutsch-christlichen Volkspartei aufgestellt. Mit einem obligaten 'Got befolen' schließt der originelle Aufruf der 'Partei', die jedenfalls den Ruhm beanspruchen darf, die groteskeste Wahlagitation ausgeklügelt zu haben.*"

Noch einmal meldete sich Gustav Nagel mit einem politischen Programm zu Wort. Am 4. März 1931 schrieb er seinen „deutsch-kristlichen-folksbunds bundesbrief" an seine Bundesbrüder in Deutschland. Abgesehen von der Tatsache, daß Nagel zu keinem Zeitpunkt echte Jünger hatte, war die Anrede: *„grüs got, hochwolgeborene libe bundesbrüder und schwestern ...*" sehr hochgegriffen, denn seine politischen Anhänger waren 1931 bei weitem weniger, wenn überhaupt vorhanden, als er es in der Anrede zum Ausdruck brachte. In diesem Brief trat er für eine freie

Reichstagswahl

Wahlkreis Potsdam I

1	**Sozialdemokratische Partei Deutschlands** Wissell — Breitscheid — Juchacz — Müller	1	◯
2	**Deutschnationale Volkspartei** Stubbendorf — Steiniger — Staffehl — Stadtler	2	◯
3	**Zentrum** Plischke — Baldus — Zimmermann — Tacke	3	◯
4	**Deutsche Volkspartei** Schnee — von Holtzendorff — Lorenz — Grützke	4	◯
5	**Kommunistische Partei** Pfeiffer — Dahlem — Kaßler — Peper	5	◯
6	**Deutsche Demokratische Partei** Bernhard — Fisch — Vogel — Asimus	6	◯
6a	**Volksrechtpartei (Reichspartei für Volksrecht und Aufwertung)** Höhne — Ahlberg	6a	◯
8	**Linke Kommunisten** Scholem — Müller — Weber — Winkler	8	◯
9	**Reichspartei des deutschen Mittelstandes (Wirtschaftspartei)** Holzamer — Krüger-Hoppenrade — Beeskow — Litzmann	9	◯
10	**Nationalsozialistische Deutsche Arbeiterpartei (Hitler-Bewegung)** Goebbels — Holtz — Kube — Engel	10	◯
11	**Deutsche Bauernpartei** Finger — Benthin — Oster — Ortmann	11	◯
12	**Völkisch-Nationaler Block** Schultze — Piewetzki — Böckler — Wiggert	12	◯
15	**Christlich-nationale Bauern- und Landvolkpartei** Martin — Zeschke — Heberer — Landmann	15	◯
15a	**Christlich-nationale Mittelstandspartei** Brodersen — Stüber — Müller	15a	◯
16	**Volksrechtpartei (Reichspartei für Volksrecht und Aufwertung)** Graf Posadowsky-Wehner — Rößler — Pfeifer — Striegel	16	◯
17	**Deutsch-kristliche (mittelstands) folkspartei** nagel	17	◯
18	**Reichspartei für Handwerk, Handel und Gewerbe** Stellmacher — Honnette — Rauscher — Seefeldt	18	◯
19	**Christlich-Soziale Reichspartei** Heller — Ehlen — Hempel — Wahlich	19	◯
20	**Unabhängige Sozialdemokratische Partei Deutschlands** Liebknecht — Wiegmann — Weist — Mallon	20	◯
21	**Volksblock der Inflationsgeschädigten** Roll — Gau — Lehmann — Lange	21	◯
22	**Alte Sozialdemokratische Partei** Winnig — Prestin — Petznick — Wendt	22	◯
23	**Polnische Volkspartei** Domańsli — Baczewski — Kaczmarek — Ledwolorz	23	◯
24	**Deutsch-Soziale Partei (Richard Kunze)** Kunze — Schönherr — Pawlak — Kelm	24	◯
25	**Deutscher Reichsblock der Geschädigten** Schendel — Beer	25	◯

Weltwirtschaft ein, um das wirtschaftliche Chaos in Deutschland zu beenden, und er wetterte wie in seinen besten Tagen gegen den Völkerbund, der Deutschlands wirtschaftliche Entwicklung, wie er richtig erkannte, mit zahlreichen Auflagen und Erlassen stark behinderte. Doch das war nicht das Besondere des Briefes. Kassandra gleich spricht er von einer Weltkriegsvision, die er hatte und die erstaunlich vorweg nahm, was er nur wenige Jahre später am eigenen Leib erfahren wird. „... *müßen erst die schweren tanks von außen deutschlands heilige schutzmauern einrennen und die giftschwader aus den feindlichen flugzeuggeschwadern städte und dörfer menschentot machen, bis wir uns wider auf unser gleiches schiksal als deutsche folksgenoßen besinnen; als bismark sprach: ir müßt ein klotz sein, dan zwetschen sich di, di in anfaßen, mus erst das fürchterliche schiksal eines grausamen weltkriges mit dem ferbluten der familien, dem fernichten aller wolgesinten und der hungerblokkade wider kommen, um den fölkerbundferantwortlichen di grundlose bosheit irer ferstocktheit zum bewustsein zu bringen ... die sündflut lis got kommen, weil die menschen nach kains brudermord immer schlechter wurden; hir wurde die aus neid herforgegangene unduldsamkeit und gotlosigkeit die ursache, das alles was leben his, bis auf ein stampar fernichtet wurde; solche sündflt schikt got wider, wen sich die menschen jetzt nicht gottesfürchtig beßern und nicht harmonisch hand in hand gehend für die weltwirtschaft einsten wollen, wo dan die mächte der finsternis alles durch giftfluten dem untergang anheimfallen laßen, wi ich es schon in einer neuen weltkriegswision sa, wo kein mensch mer in deutschland zu finden war, man konte keinem mer zuwinken, man sa si noch wie mitferbrandt in den wolken davon zihen.*“

deutsche turner, seid zur überwindung der uneinigkeit mein dolmetsch wen ich jezt zu euch als zum ganzen deutschen folke spreche.

got befolen
gustaf nagel.

Zum Abschluß dieses Kapitels sei hier noch ein Gedicht aus dem Jahre 1930 beigefügt, das er auf Postkarten mit seinem Bildnis verkaufte und das ein Spiegelbild seiner oft sehr unrealistischen politischen Gedanken sein kann.

„deutsche turner, seid zur überwindung der uneinigkeit mein dolmetsch, wen ich jetzt zu euch als zum ganzen deutschen folke spreche;

deutsche turner, turnerinnen
turnfater jan im geist euch heute ma=nt:
ir dürft euch nicht mer lang besinnen,
nur einigkeit den weg zur freiheit ba'nt.
seid frisch und seid from;

deutsche turner, turnerinnen,
ans faterland, ans teure schlist euch an,
ir dürft euch nicht mer lang besinnen,
noch immer ist ein man, wer beten kann,
mit got kom, was auch kom;

mit got müst ir den tag beginnen,
er ist di almacht, unsre feste burg;
mag der goldstrom auch frankreich rinnen,
ir müst in not mit got euch ringen durch,
seid frölich und seid frei;

wo je ein folk hat büßen müßen,
in schmach und schande lag di tatkraft brach,
kont wider sich hir ru=m und ere küßen,
wen demut dan zu jesu füßen lag,
in jesus di erlösung sei;

deutsche turner, turnerinnen,
wen einig ir mit got di turnkunst flegt,
get nicht des folkes gesunder kern fon hinnen,
dan nicht der sturm entwurzelt uns umlegt,
bleibt deutschland heil, gut heil;
got befolen gustaf nagel.“

6

Sein Leben im „Dritten Reich“

Ein Großteil der bekannten Lebensreformer standen der NSDAP und damit dem Gedankengut eines Adolf Hitler durch ihre Deutschtümeleien, besonders vor 1933, oft sehr nahe. Als ein Beispiel seien hierfür unter vielen anderen nur Fidus und Richard Ungewitter genannt. Auch Gustav

Nagel hatte, wie im vorhergehenden Kapitel zu lesen ist, in seinen politischen Programmen oft verzerrte Vorstellungen, wie die ökonomische und politische Krise der Weimarer Republik zu überwinden seien. Dabei waren in seinen Schriften auch Punkte zu erkennen, die sehr nahe an denen der Nationalsozialisten waren.

Arendsee und die Altmark waren eine Hochburg der konservativen Parteien und der Nationalsozialisten. Die NSDAP erreichte in Arendsee bei der Reichstagswahl am 5. März 1933 mit 971 Stimmen sogar die absolute Mehrheit, gefolgt von der Kampffront Schwarz-Weiß-Rot. Die Arbeiterparteien SPD und KPD erhielten nur 172 beziehungsweise 62 Stimmen.

Adolf Hitler, der wie Gustav Nagel überzeugter Vegetarier war und in dessen Vertretung sich auch der neue Arendseer Bürgermeister Schwerin sah, machte es Gustav Nagel jedoch schon bald klar, wie er sich nationalsozialistische deutsche Menschen vorstellte: „gehorsam und kerndeutsch“, wie er schrieb. In den Archiven in Magdeburg und Berlin liegen große Mengen an Beschwerden und Belehrungen von Gustav Nagel an die Beamten der Stadt und des Kreises und deren Antwortschreiben an Nagel. So schreibt am 3. August 1934 der neue Bürgermeister Schwerin entnervt an seinen Landrat in Osterburg: „*Die beschlagnahmten Plakate habe ich dem Herrn Landrat übersandt. Seit Monaten bereits hat Nagel derartige Plakate an der Seepromenade öffentlich angebracht, deren Inhalt geeignet ist, die öffentliche Sicherheit und Ordnung zu stören. Die täglich eingehenden Schriftsätze des Nagel bedeuten für die Verwaltung der Stadt Arendsee eine*

Belastung, die unmöglich geduldet werden kann."

Nagel „bombardierte" nicht nur den Arendseer Bürgermeister mit Schreiben, auch der Landrat von Osterburg und die Kirche in Arendsee blieben von seiner Schreibwut nicht verschont. So schrieb er unter anderen am 22.10.1935 einen Brief an den Bürgermeister von Arendsee in dem er ihm vorwirft: *„hir ligt kurbad arendse begraben, mit dessen fund si zur ere gotes und zum besten des deutschen folkes nicht ferstanden haben wucher zu treiben.*" Nahezu Kultstatus hat in Arendsee heutzutage seine berühmte Anschrift „Viehnanzamt" Osterburg, wobei er dabei auch durch seine eigenwillige Schreibweise „fienanzamt" nicht verhehlen konnte, daß er bei dieser Anschrift an das „liebe Vieh" dachte. Als er sich dafür vor dem Gericht verantworten sollte und das Finanzamt eine Entschuldigung einforderte, hat sich Gustav Nagel sogar in einem weiteren Schreiben an das Osterburger Finanzamt dafür beim lieben Vieh entschuldigt. Darüber konnte fast ganz Arendsee lachen, die Finanzbeamten jedoch nicht, aber obwohl er immer wieder mit Geldstrafen belegt wird, schreibt er diese Bezeichnung für das von ihm gehaßte Amt immer wieder auf dem Briefumschlag.

Seine Beschwerdeschreiben sind aber bis 1933 vor allen durch den Kampf gegen seine Entmündigung oder durch Beschwerden über ungerechte Behandlungen, wie er meint, geprägt. Nach 1933 und hierbei besonders nach 1937 wurde daraus jedoch ein Überlebenskampf für ihn. Schon im Sommer 1933 mußte er feststellen, daß seine Vorträge, die vor allem von seinen Vorstellungen vom Mittelstand, von einer gesunden Lebensweise und Naturkost handelten und – wie viele Besucher berichteten – meist in einem sehr religiösen Bericht über seine Pilgerreise nach Jerusalem endeten, kaum noch besucht wurden. Immer öfter wurden ihm von den Städten und Gemeinden diese Vorträge sowie der öffentliche Verkauf seiner Schriften untersagt.

In Arendsee begann man bereits am 6. August 1933, Gustav Nagel zu drangsalieren. So wurden ohne Vorwarnung seine Sonntagseinnahmen vom 6. August (17,50 RM) und vom 13. August 1933 (16,81 RM) beschlagnahmt. Zwischen Gustav Nagel und dem Bürgermeister entstand ein regelrechter Kleinkrieg mit Eingaben und verdeckten Sanktionen. Ab 1935 übte man durch ein Ausschankverbot und die häufige Beschlagnahme seiner Druckerzeugnisse noch stärkeren ökonomischen Druck auf ihn aus. Am 20. März 1935 schrieb Bürgermeister Schwerin an seinen Osterburger Landrat: „*... Zunächst steht fest, daß Nagel des öfteren auf seinen Geisteszustand hin untersucht worden ist. Die ärztlichen Gutachten lauten dahin, daß Nagel an sich wohl harmlos geisteskrank sein soll, aber als eine Last der Behörden anzusehen ist. Meiner Einschätzung nach ist Nagel im vollen Umfange zurechnungsfähig. Er rechnet bewußt mit der Dummheit seiner Mitmenschen und versucht, mit allen Mitteln Kapital herauszuschlagen, was ihm auch wohl glänzend gelingt, denn der Zulauf in seinem sogenannten Tempel an verkehrsreichen Tagen ist unbeschreiblich. Nagel kann sich absolut nicht mit nationalsozialistischen Gedankengut vertraut machen und hat auch nicht die Absicht es zu tun. Er hat im Vorjahre Vorträge gehalten, so z.B. über das Kommen einer Gas-Sündflut über Deutschland u.s.w. Ich habe dem Nagel, in der Annahme, daß er harmlos geisteskrank sei, keine Schwierigkeiten bereitet. Ich erhielt aber mündlich Meldung von dem Gauleiter des Luftschutzes Pg. Hermann in Magdeburg daß der Vortrag des Nagel derart staatsgefährlich sei, daß er (Hermann) sich überlegt habe, den Nagel nicht aus der Versammlung heraus abführen zu lassen. Nachdem ich Nagel dieserhalb zur Rede gestellt hatte, hat Nagel verschiedentlich versucht, durch Briefe an den Herrn Reichskanzler und andere höhere Stellen sich über mich zu beschweren. Na-*

gel versucht in Wort und Schrift auf jede Weise in versteckter Form gegen die bestehende nationalsozialistische Ordnung zu arbeiten. Angebliche Glaubenssachen werden in seinen Vorträgen politisch ausgeschlachtet und sei es nur in versteckter Form. Außerdem versucht er in Wort und Schrift, teils direkt, teils indirekt, Mädchen und Frauen zum Zwecke des geschlechtlichen Verkehrs an sich zu locken. Er beansprucht für sich, da er sich als ein von Gott bestellter Tempelwächter betrachtet, öffentlich über religiöse Dinge sprechen zu können.

Bei seinen Vorträgen konnte gustaf nagel immer noch mit einer größeren Menschenmenge rechnen.

Da selbst von Seiten der Geistlichkeit alle kirchlichen Versammlungen und Erörterungen über kirchliche Angelegenheiten nur und ausschließlich in der Kirche stattzufinden haben, ist es meiner Erkenntnis nach unmöglich, daß ein Laie wie Nagel öffentliche Vorträge abhalten darf, die sich mit Glaubenssachen befassen. Wie dortseits bekannt, pflegt Nagel seine geistigen Erzeugnisse in Form von Aushängen in seinem Grundstück der Öffentlichkeit zugänglich zu machen. Ich erblicke darin eine Verschandelung des Landschaftsbildes, da sich das Anwesen Nagels unmittelbar am See und an der Seepromenade befindet ..."

Daß Gustav Nagel den Ernst der Lage, in der er sich bereits 1935 befand, realistisch einschätzte, ist kaum anzunehmen, denn er fühlte sich als von „*Gott berufener*" immer weiter zu Erklärungen und Vorträgen veranlaßt. Andererseits beantragte er im Februar 1934 einen Auslandspaß mit der Begründung, „*sich um seine große Gemeinde in aller Welt kümmern zu müssen*". Da er bereits am 14. August 1934 seinen wachsamen Hofhund in einer Annonce im *Arendseer Wochenblatt* abgeben wollte, liegt der Gedanke nahe, daß Gustav Nagel wieder auf eine größere Wanderung gehen wollte, die jedoch nicht mehr stattfand.

Wie geschickt und wortgewandt er seine Schreiben verfaßte und wie er dachte, soll das Beispiel eines Schreibens vom 11. Mai 1939 an den Osterburger Landrat Dr. Kesler zeigen:

„got zum gruß,

zu meinem antrag auf widerverteilung der eintritskartenfreiheit habe ich heute mitzuteilen: wir bleiben auf dem bürgerlichen standpunkt stehen, wonach di entfaltungsberechtigung fon kunst und wissenschaft keine parteisache, sondern eine gabe gottes ist, di jedem bürgerlichen zuteil werden kann, wen in got damit begnadet, und er sich dafür mit lust und libe, gotergeben einsetzt, das nun meine lebenskunst und wissenschaft keine lustbarkeit, sondern ernste wissenschaft ist, hat schon im jahre 1910 das landgericht stendal für recht erkant, indem es rechtskräftig begründete: der fortrag des wanderpredigers gustaf nagel hatte ansich wissenschaftlichen inhalt, den di diät und das religöse emfinden des menschen sind gegenstand wissenschaftlicher forschungen, wen nun auch der angeklagte seine wissenschaft nicht durch gelertes studium, sondern durch eigene erprobung erworben hat, so kann man doch nicht sagen, das deshalb der inhalt seienes fortrages eines höheren interesse entbert; er bezwekt nicht nur eine belerung der zuhörer, sondern war auch objektiw als ausflus der lebenserfarung eines menschen auf den genanten gebiten geeignet, ein höheres interesse zu erwecken, und nicht blos di neugir zu befridigen,

gez. reiche. stendal 9.9.1910

auf denselben standpunkt stelte sich unter der regierung der s.p.d. im mai 1931. das oberferwaltungsgericht berlin und demzufolge der bezirksausschuß zu magdeburg fom 16.8.32.

und widerum unter unserer jetzigen regirung der n.s.d.a.p. rechtskräftig das kreisverwaltungsgericht des kreises osterburg, gez. dr. kesler: und das auch meine musikalischen und gesanglichen darbitungen eigener lider in meinem tempelbesuchsgarten am arendse mit tempelgrotte weder zu dem zwekke feranstaltet noch geeignet sind, di zuhörer zu ergötzen und zu unterhalten, sondern lediglich umramendes beiwerk der ansprachen sind, und soweit auch für si, allein betrachtet, das objektive merkmal der fergnügung in dem fom oberferwaltungsgericht entwikkelten sinne der 'lustbarkeit' ausscheidet. jeder weltliche lustbarkeit, darstellende schau- und puppenspieler darf für seine darbitungen eintritsgelder fordern, um damit sich und seine familie anständig ernären und kleiden zu können; nur ich, der ich meine erprobte gesunde lebenskunst, meine eigenen lider und ernste religiöse wissenschaft und ein herliches schöpfungsbild der freien natur darbite, sol ler ausgehen? sol damit nicht meine familie anständig ernären und kleiden können, wo selbst das wort gottes spricht 'wer das evangelium ferkündet sol auch dafon leben können';

schchon am fergangenen sontag hat sich gezeigt, was wir befürchteten, das sich bei massenbesuchen one eintritsforderung di meisten um einen opferbeitrag für meine darbitungen herumdrükken und ich wi nichts in den händen bekomme, und nur 4-5 sommermonate ist besuchszeit, dafon 7-8 wintermonate mit fersorgt werden wollen, wi auch di erhaltung der wirtschaft und das si schmuk dastet, järlich geld kostet, dazu bin ich 65 jare alt und mus dafon leben, bitte deshalb zu himmelfart um eintritskartenfreiheit;

mit deutschen grus, got segne und behüte si.

gustaf nagel wanderprediger."

gustaf nagel im Strandbad Arendsee.

Natürlich störte die große Zahl der Besucher auf dem Nagelgrundstück besonders in den Sommermonaten die Verantwortlichen in den Behörden, konnte er vor ihnen doch seine jetzt mit dem Nationalsozialismus nicht mehr übereinstimmenden politischen Ideen vortragen. So wurden sein Tempelgarten von der Staatspolizei in Magdeburg immer öfter geschlossen und 1936 seine Schriften und Karten eingezogen. Da Nagel jedoch von irgend etwas leben mußte und es auch nicht im Interesse der Staatspolizei war, einen hungernden Gustav Nagel den Arendseebesuchern zu präsentieren, wurde der Garten immer wieder geöffnet. Am 10. September 1938 schrieb Dr. Leitner von der Gestapo Magdeburg, daß er es für zweckmäßig hielt, Gustav Nagel die Schankerlaubnis zu belassen.

Wie die Drangsalierung des unbeliebten Wanderprediger durch kleine Schritte immer mehr forciert wurde, soll die kurze Aufzählung aus dem Jahre 1937 beweisen:

– Am 21. April 1937 wird Gustav Nagel von der Staatspolizei das Hissen der Liebesfahne (weißes Kreuz auf roten Grund) untersagt.

– Am 13. Mai 1937 wird er in Osterburg wegen Gefährdung der öffentlichen Sicherheit inhaftiert, bricht am 15. Mai aus, wird am 27. Mai wieder inhaftiert und entlassen.

– Am 20. Juli 1938 wird ihm verboten, Eintrittsgelder für den Besuch seines Gartens zu erheben.

– Am 30. Juli 1938 wird Gustav Nagel angezeigt, da er in einer Rede in Nauen bei Berlin äußert: *„Die Rache Gottes wird sich noch zeigen – die Rache hat sich schon gezeigt, daß ein Flugzeug in den Arendsee gestürzt ist.“*

Diese Aufzählung läßt sich beliebig fortsetzen.

Am 26. Juni 1937 wendete sich Nagel an den Landrat von Osterburg mit folgender Bitte, der auch von der Handelskammer Halberstadt entsprochen wurde: *„Auf Grund des Gesetzes zum Schutz des Einzelhandels vom 12.5.33 bitte ich zu genehmigen, daß ich in meinem Seegarten und Kurhalle auf dem Wendefeld eine Verkaufsstelle für Ansichtspostkarten, Reiseandenken, Früchte, Milch, Speiseeis errichte. Gleichzeitig bitte ich zu genehmigen, daß mein Seegarten (Park) zur Besichtigung durch das Publikum freigegeben wird. Das Publikum hat einzig und allein den Wunsch, diese von mir selbst geschaffene Stätte zu besichtigen. Der Verkauf von Postkarten und Andenkenartikel würde kaum so viel einbringen daß damit mein Lebensunterhalt sichergestellt ist. Die Kunstbauten in meinem Park und die Unterhaltung der Anlage erfordern so hohe Aufwendungen, die nur durch Erhebung eines Eintrittsgeldes gedeckt werden können. Ich habe die Absicht, Postkarten mit meinem eigenen Bildnis zum Preis von 20-30 Pf. zu verkaufen und hierdurch den Eintritt frei zu gestatten. Ich verpflichte mich andererseits, in Wort und Schrift keinerlei Propaganda zu treiben, bitte mir jedoch zu gestatten, daß ich eigene selbst verfaßte Lieder dem Bürgermeister vorlegen und zum Vortrag bringen darf.*

Heil Hitler gez. Gustav Nagel“

Erstaunlich ist, daß Gustav Nagel entgegen seinen sonstigen Gepflogenheiten in diesem Schreiben mit „Heil Hitler“ unterschreibt und alle seine Titel nicht mit aufzählt.

In *Der Mitteldeutsche* vom 25. August 1937 ist unter der Überschrift *„gustaf nagel wird Schankwirt“* dann zu lesen: *„gustaf nagel, ‘Tempelwechter’ von Arendsee, der durch seine Rechtschreibung und religiösen Phantastereien ehedem von sich reden machte, hat vom Kreisverwaltungsgericht die Erlaubnis zum Betrieb der Schankwirtschaft mit selbstbereiteten alkoholfreien Fruchtsäften in seiner ‘Kurhalle’ erhalten. Nachdem der sonderliche Heilige von Arendsee, der ‘Apostel und Wanderprediger’, keinen Anklang mehr mit seinen Predigten findet, ist er wohl zu der Ansicht gekommen, daß man die Früchte vom Baum der Erkenntnis auch vermosten kann.*“

Die Einstellung der Behörden und weiter Teile der Arendseer Bevölkerung gegenüber Gustav Nagel wurde auf Grund der politischen Lage zunehmend negativer. Da Nagel konsequent alle Weisungen mißachtete, brachte er die Stadtverwaltung und Bürgermeister Schwerin ernsthaft in Bedrängnis. So schrieb dieser in seiner Funktion als Ortspolizeibehörde an die Magdeburger Staatspolizei unter anderem am 6. März 1937; *„Die Staatspolizeistelle Magdeburg hat gegen den Wanderprediger und sog. Tempelwächter Gustav Nagel in Arendsee ein Sprechverbot erlassen. Seine gesamten Schriften sind auf die Liste für unerwünschtes Schrifttum gesetzt worden, der Garten ist für alle Besucher auf dortige Anordnung geschlossen worden. Nagel beachtet diese Verbote nicht u.a. hat er wieder im Arend-*

seer Wochenblatt seine Verlobungsanzeige mit der Krankenschwester Eleonore Teichmann bekannt gegeben. Das Schwarze Korps nimmt deshalb Anlaß Nagel und sein volksschädliches Treiben in der letzten Ausgabe entsprechend zu glossieren. Als Antwort druckt das Arendseer Wochenblatt in seiner Ausgabe vom heutigen Tage eine Danksagung des Nagel für das Schwarze Korps ab. Nagel, der als Volksschädling gebrandmarkt ist, findet durch derartige Zeitungsinserate immer wieder Eingang in die Öffentlichkeit, da zum Teil auswärtige Zeitungen dem von Nagel für das Arendseer Wochenblatt verfassten Blödsinn nachdrucken. Hierdurch werden die Massnahmen, die die Staatspolizeistelle mit ihren Anordnungen gegen Nagel erreichen will, durchkreuzt."*

Was stand im *Das schwarze Korps* vom 4. März 1937, das den Arendseer Bürgermeister so erregte. Unter einer großen Verlobungsanzeige steht:

„als, mit got in jesu kristi namen, ferlobt grüßen: Eleonore Teichmann, Krankenschwester – gustaf nagel tempelwechter, dichter und komponist des herrn von gottes gnaden. Berlin 13.2.37"

gustaf nagel und seine Frau Eleonore beim Verlassen des Arendseer Standesamtes und am Hochzeitstag und darunter neben einer Karikatur: „*Gustav Nagel hat sich also verlobt. Wir geben ihm aus vollstem Herzen unseren Segen. Lange schon schien uns in seinem Interesse der Ledigenstand besorgniserregend. Er verlor in ihm nicht nur die Begriffe der deutschen Sprache, sondern auch die Voraussetzungen zu einem der Erde zugewandten Bürger, der hienieden nur mehr das Leben ertragen kann, wenn er es in poröse Jägerwäsche hüllte* (gemeint ist hier der Sozialreformer Prof. Dr. Gustav Jäger, der besonders für eine natürliche Bekleidung eintrat. d. A.) *und in Gesundheitssandalen über holprige Feldwege trägt.*

Fast in Vergessenheit wäre der Wanderprediger geraten, hätte er sich nicht seiner selbst besonnen, und daß es nicht gut sei, wenn der Mensch allein ist. Neu allerdings bleibt uns sein Beruf als Tempelwächter, den er neben den eines Dichters und Komponisten noch so nebenbei ausfüllt. Ist es der Tempel seiner eigenen Muse, die er eifersüchtig bewacht, birgt er den Schrein seiner arteigenen Schreibweise, die weniger aus innerer Erleuchtung entstanden ist, als unseres Erachtens von einer lendenlahmen Schreibmaschine improvisiert wurde, die den Anschlag von Großbuchstaben verweigert?

Ewige Mysterien ... justaf nagel hütet sein geheimnis in dem kapitel seines herzens, hoffentlich retten keine schreienden jänsefüße sein süßes ferlobnis vor dem gelächter, das seine ferlobungsanzeige im 'Arendseer Wochenblatt' ausgelöst hat, und aus der herforget, daß seine braut sich immer nicht mit kleinbuchstaben schreibt, was vielleicht darin liegen mag, daß sie es noch nicht zu jener hehren höhe gebracht, auf der gustaf bereits gelandet ist."

Gustav Nagel leistete auf Grund seiner jahrelangen Erfahrungen mit den Ämtern und Behörden sehr geschickt passiven Widerstand gegen alle Ver-

gustaf nagel und frau eleonore nach irer trauung am 3. mai 1938
in arendse i altm. aus der kirche kommend.

Postkarte von der Hochzeit gustaf nagels und seiner Frau Eleonore

gustaf nagel und seine Frau Eleonore
Seite 65: gustaf nagel mit seinen Söhnen, Postkarte

suche, ihn mundtot zu machen. Doch was war geschehen, was die Behörden, die Arendseer Bürger und die Zeitungen in so helle Aufregung versetzt hatte? Am 13. Februar 1937 stand auch im *Arendseer Wochenblatt* folgende Anzeige: *„als, mit got in jesu kristi namen, ferlobte grüßen: eleonore teichmann, krankenschwester, gustaf nagel, tempelwächter, dichter und komponist des herrn von gottes gnaden.*"

Gustav Nagels Werben um eine neue Frau hatte endlich wieder Erfolg. Er lernte die am 13. Februar 1895 geborene freie Krankenschwester Eleonore Teichmann geb. Dadeck in Berlin-Charlottenburg kennen und heiratete sie am 3. Mai 1938. Die Hochzeit mit der geschiedenen, erfahrenen Frau entwikkelte sich zu einem wahren Triumph für Gustav Nagel und erregte in ganz Deutschland noch einmal große Aufmerksamkeit, wie sonst nur bei Hochzeiten von gekrönten Häuptern. Die Heiratsanzeige wurde in vielen Zeitungen veröffentlicht, und noch einmal war das Bild von Gustav Nagel in sehr vielen Zeitungen zu sehen.

Ganz Arendsee war am 3. Mai 1938 auf den Beinen und wollte das Brautpaar sehen. Die Johanniskirche mußte mit Gewalt geschlossen werden, und Pfarrer Kannicht erinnerte die Anwesenden daran, daß dies eine kirchliche Handlung und kein Jahrmarkt war. Als Trauzeugen fungierten Wilhelm Kalmeter und Johannes Schulz aus Arendsee. Die vier Blumenkinder Rita Busse, Inge Ollendorf, Elfriede Morawe und Ilse Bethge mußten den zwölf Meter langen Schleier der Braut tragen und Blumen streuen.

Zum großen Ärgernis der Staatspolizei erschienen in fast allen deutschen Zeitungen Berichte über diese Hochzeit. Faktisch über Nacht war Nagel wieder ein bekannter Mann und in aller Munde. Natürlich brachte der geschäftstüchtige Nagel sofort Ansichtskarten von diesem Ereignis heraus. Doch für ihn stellten sich schon bald nach den Flitterwochen Schwierigkeiten mit Eleonore ein, zumal er erkennen mußte, daß seine Gattin wohl doch nicht die Frau war, von der er geträumt hatte. Sie war als geschiedene Frau sehr selbständig und besaß ihren eigenen Kopf in allen Belangen. Dies zeigt, wie schon *Das schwarze Korps* richtig erkannte, auch ihre Weigerung, ihren Namen auf der Verlobungsanzeige klein zu schreiben. Weiterhin weigerte sie sich hartnäckig, vegetarisch zu leben, und es gab bereits wenige Wochen nach der Hochzeit Streit im Fleischerladen. Auch mußte er nun etwas feststellen, was er von seinen beiden ersten Frauen nicht gekannt hatte: Eleonore war eine kräftig gebaute Frau, die sich nicht nur mit Worten verteidigen konnte. Weiterhin war es wohl mit seiner Manneskraft nicht mehr so bestellt, wie er es in seinen Gesprächen mit den verschiedensten Frauen angedeutet hatte, war er doch schon 64 Jahre alt und seine Eleonore immerhin fast zwanzig Jahre jünger. Immer häufiger gab es Streit, und dieser wurde um so heftiger, je mehr es um Politik ging.

Nachdem die deutsche Wehrmacht am 1. September 1939 Polen überfallen hatte und damit der Zweite Weltkrieg ausgelöst war, geriet der eigentlich jede Gewalt ablehnende Gustav Nagel mit seiner nationalsozialistisch orientierten Frau immer häufiger in Streit. Dies führte am 13. August 1940 sogar zur Anzeige von Eleonore gegen ihren Mann bei der Geheimen Staatspolizei in Magdeburg. Auch die Haushälterin der Familie, Frau G.R., und ihre Freundinnen zeigten ihn gleichzeitig wegen staatsfeindlicher Reden an. Über Monate bildeten jetzt die oft handgreiflichen Auseinandersetzungen in der Familie Nagel ein gutes Gesprächsthema für viele Arendseer.

Bereits zu Beginn des Krieges glaubte Gustav Nagel nicht mehr an einen „*gerechten Krieg Deutschlands gegen die äußeren Feinde*“, wie er ihn in seinem Parteiprogramm von 1928 noch propagiert hatte. Auch sprach er sich öffentlich gegen diesen Krieg aus und war gegen die Einberufung seiner drei Söhne zum Wehrdienst. Daher verwundert es, daß er sich stolz mit seinen Söhnen in Uniform auf einer seiner Karten zeigte. Oder war dies nur ein Versöhnungsversuch

arendse: altm. 29. 8. 40

herrn
pastor allin osterburg
grüs got,
her pastor her pastor allin, zü irem geburtstage
meinen herzlichsten glükwunsch

got segne si, schenke inen gesundheit, fride und froide im herrn jesus kristus und der herlichen natur, und im sonnig haus;
erlaube mir, inen anbei mein heimatlied zü ünterbreiten, mög es inen wolgefallig sein;
got beschüze si; auf allen iren wegen, for bomben und gefar;
got befolen.
ir güstaf nagel
wanderprediger, [illegible]
dichter und lidermacher des herrn
fon gottes gnaden.

beantwortet 5/9.

Brief vom 29. August 1940

Seite 67: gustav nagel zu Besuch beim zeitweiligen Vormund seiner Kinder Fritz Medenus aus Arendsee

mit seiner Frau? Es hat ihm jedoch nicht viel geholfen, denn bereits am 10. Juli 1941 wird Gustav Nagel von seiner dritten Frau geschieden, wobei auch diesmal wieder der Scheidungsgrund nicht alltäglich ist. In den Scheidungsunterlagen steht; „*Sie trachtete ihm nach dem Leben*". Am 1. November 1940 hatte Gustav Nagel folgendes Erlebnis an den Arendseer Bürgermeister in seiner Funktion als Ortspolizeibehörde geschrieben: „*Ich habe meine Ehefrau in Verdacht, daß sie mir nach dem Leben trachtet. Mein Verdacht wurde verstärkt, als ich vorgestern beim Essen einen unerträglichen scharfen Geschmack verspürte. Ich wurde merkwürdig müde, so daß ich am nächsten Morgen noch nicht wieder frisch war und aufwachte. Ich versäumte dadurch einen Gerichtstermin. Am Nachmittag fand ich eine Ampulle und vermute, daß der Inhalt dieser Ampulle von meiner Ehefrau unter mein Essen gemengt wurde. Ich bitte, die noch im Besitz meiner Ehefrau befindlichen Arzneien und Gifte zu beschlagnahmen.*"

Selbst nach der Scheidung kam es noch zu Handgreiflichkeiten zwischen den beiden. Ende 1941 zog Eleonore Nagel wieder nach Berlin Charlottenburg in die Niebuhrstraße 21, wo sie bei Familie Krädel als Untermieterin wohnte.

Nagels Attacken gegen den Krieg wurden immer heftiger, und auch die Geheime Staatspolizei war nicht mehr bereit, aus Rücksicht auf die öffentliche Meinung Nagel zu verschonen. Am 3. Januar 1940 wurde ihm die Genehmigung als Wanderprediger entzogen, und die Mitschriften seiner Sonntagsansprachen und Schilder gegen den Krieg füllten bald mehrere Ordner bei der Geheimen Staatspolizei. So schrieb z.B. der Arendseer Bürgermeister an seinen Landrat am 14. August 1940: „*Die Schilder sind entfernt. Der Garten wird laufend überwacht. Ein öf-*

fentliches Auftreten und propagandistische Betätigung des Nagel läßt sich nur dann verhindern, wenn der Garten wie in früheren Jahren für jeden Publikumsverkehr geschlossen wird. Zur Zeit schwebt bei der Staatspolizei Magdeburg ein Ermittlungsverfahren gegen Nagel wegen staatsfeindlicher Betätigung. Nagel hat mündlich gegen die Entfernung der Schilder Einspruch erhoben und will morgen beim Herrn Landrat persönlich vorsprechen." Am 19. November 1940 zeigte ihn seine Haushälterin wegen staatsfeindlicher Reden an. Weitere drei Frauen aus Arendsee wurden als Zeugen benannt.

Doch nicht nur über den Rechtsweg wurde versucht, Gustav Nagel zum Schweigen zu bringen. So wurden am 12. Februar 1942 seine Plastiken im Garten umgestürzt und die Fensterscheiben in seinem Tempel und der Wohnbaracke eingeworfen. Nagel verdächtigte die HJ des Städtchens, erhielt jedoch kein Recht. Am 16. Juli wurden wiederum die Inneneinrichtung seines Tempel sowie sein Harmonium zerschlagen, auch hier nahm er an, daß dies die Jungen des HJ-Sommerlagers waren. Obwohl Gustav Nagel während der Zerstörung seines Hauses und Gartens in der Nacht vom 15. zum 16. Juli 1942 hilferufend durch Arendsee lief, kam ihm niemand zu Hilfe.

Am 3. August 1938 wurden die drei Fahnen von seinem Gelände gestohlen. Ungebrochen von den immer stärker werdenden Repressalien schrieb er am 5. April 1943, noch ganz unter dem Eindruck des Todes seines Sohnes Adolf, der 1942 bei Stalino als Unteroffizier und Gruppenführer fiel, an den Reichspropagandaminister Göbbels u.a.: „*das neueste bekentnis unseres obersten heresführer adolf hitler, es gibt keine siger und besigte, nur überlebende, nach diesem bekentnis sind alle plakate, die fon einem entsig reden, nicht mehr wahrheitsgemäß und sind sofort zu entfer-*

nen und zu unterlassen!“ oder „*ich bin kein fanatischer mensch, der die menschen und fölker zwecklos zu gegenseitigem zerfleischen aufpeitscht …*“

Natürlich bleiben diese offenen Bekenntnisse gegen den Krieg nicht ohne Gegenreaktionen. Bereits am 25. März 1943 fordert die Gestapo Magdeburg Unterlagen über eine Anzeige an, die seine geschiedene Frau Eleonore in Berlin-Charlottenburg machte, nach der Nagel Adolf Hitler und den Reichsmarschall Hermann Göring beleidigt haben sollte. Am 2. Juli 1943 schrieb der Kriminalkommissar Litzelmann von der Geheimen Staatspolizei an den Bürgermeister von Arendsee: „*Den im Betreff genannten Gustav Nagel habe ich mit dem heutigen Tag festgenommen. Ich gebe hiervon Kenntnis mit der Bitte, alle Maßnahmen zu treffen, die geeignet sind, das dem Nagel gehörende bewegliche und unbewegliche Vermögen sicherzustellen.*“

Hinter dieser kurzen Mitteilung verbirgt sich nichts anderes als die Einlieferung Gustav Nagels in das Konzentrationslager Dachau. Hier wird er unter der Häftlingsnummer 49910 am 23. Juli 1943 in die Haftkategorie „Schutzhaft“ genommen. Er muß wie ein „bunter Vogel“ behandelt worden sein, denn Gustav Nagel wird sicherlich nicht von den politischen Häftlingen angenommen, und auch die Christlichen waren nicht besonders darauf bedacht, ihn zu den Ihren zu zählen. Ob, wie aus einem Entnazifizierungsverfahren vom 15. Juni 1949 bekannt ist, es dem mutigen Eintreten des in Arendsee geborenen Hauptmanns Dr. Friedrich Lampe sowie Offizieren der Fliegerschule Ludwigslust zu verdanken ist, daß er am 30. Dezember 1943 aus der Mordmaschinerie des KZ Dachau wenigstens in die Nervenheilanstalt Uchtspringe überführt wurde, ist nicht abschließend nachzuweisen. Gottfried Nagel bestätigt eidesstattlich in diesem Entnazifizierungsverfahren dem als Fakultätsassistenten an der Universität Freiburg tätigen Dr. Lampe, seinen Vater aus dem KZ Dachau herausgeholt zu haben. Gottfried Nagel und Dr. Friedrich Lampe hatten zusammen in einem Bataillon in Norwegen gedient.

Doch auch in der Nervenheilanstalt Uchtspringe war er noch immer nicht sicher, denn als „geisteskrank“ eingeschätzt, mußte er mit weiteren Repressalien rechnen. Nagel lehnte alle Nervenheilanstalten ab, hatte er doch über 40 Jahre dagegen vor Gericht gestritten, als nervenkrank eingestuft zu werden. Da auch seine Schwester Luise längere Zeit in derselben Anstalt weilte, wird er mit sehr gemischten Gefühlen nach Uchtspringe gekommen sein. Auch mußte er hier immer mit den Gedanken leben, als „Lebensunwertes Leben“ eingestuft zu werden und wie so viele andere Euthanasiefälle umgebracht zu werden.

7
Die letzten Jahre

gustaf nagel, sichtlich gezeichnet

Es kam der 14. April 1945. Arendsee wurde, wie auch andere Städte in der Altmark, von Einheiten der 6. US-Armee befreit. In dem kleinen Ort wurden kanadische Einheiten stationiert, nicht sehr weit von Nagels Tempelanlage in der Arendseer Molkereistraße war ihr Hauptquartier. Am 7. Mai 1945 ging es wie ein Lauffeuer durch Arendsee – Gustav Nagel war wieder da. Stolz grüßte er alle, die es hören wollten, mit dem Satz *„Adolf ist tot – Gustav lebt“*.

Es zog wieder langsam Normalität in das Leben der Arendseer ein. Jeder versuchte, sich so gut wie möglich mit den Amerikanern zu arrangieren, gab es doch hier zahlreiche Sachen wie Kaffee und Nylons, die auf dem schwarzen Markt das Überleben sicherten. Um Gustav Nagel wurde es ruhiger, viele, die ihn von früher kannten, stellten fest: „Gustav, du bist alt geworden!“ Sie hatten es richtig beobachtet, zum ersten Mal war er in langen Hosen, Schuhen und dunklem, langen Mantel zu sehen. Gustav Nagel war inzwischen 71 Jahre alt, und besonders die letzten Jahre hatten ihn viel Kraft gekostet.

Auch ein anderes Ereignis sollte sein Leben stark beeinflussen. Am 1. Juni wechselte die Besatzungsmacht in Arendsee zu den Engländern, und am 1. Juli zogen mit Pferd und Wagen die sowjetischen Truppen in Arendsee ein.

Als am 10. Oktober 1945 seine Wohnbaracke durch eine Unachtsamkeit abbrannte und viele Papiere der Familie Nagel vernichtet wurden, halfen mehrere Bürger der Stadt, ihm schnell diese Unterkunft wieder aufzubauen. Wieder begann er, seinen Seetempel wohnlich zu gestalten und den in seiner Abwesenheit stark in Mitleidenschaft gezogenen Garten herzurichten. Wie in alten Zeiten legte er sich schon bald wieder mit der Stadtverwaltung und der russischen Besatzungsmacht an. Doch es war nicht die richtige Zeit, wieder zu alter Popularität zu gelangen. Alle kümmerten sich um den Neuaufbau und die Sorgen des Alltags. Die Zeitungen wurden zensiert, sie hatten nur noch wenig Interesse an seinen Eskapaden. Trotzdem ging es ihm anfangs unter der sowjetischen Besatzung recht gut. Nagel bekam Sonderzuteilungen bei den Lebensmittelkarten, und was ihn am meisten verwunderte: Er durfte vor den Kindern in der Schule Vorträge halten. Doch schon bald merkten die Politkommissare, daß er – wie unter den anderen Regierungen auch – so gar nicht in das politisches Bild dieser Zeit paßte. Er schrieb an Bekannte: „*ich war in dachau, bin aber nach krigsschlus in eren wider entlassen, habe auch das sondergericht, was um den kopf ging, in eren überstanden, als opfer des faschismus werde ich nicht anerkannt, unsere jetzige regirung lent mich volständig ab, aber der libe got nicht.*“

Der aufkommende kalte Krieg machte auch Gustav Nagel klar, daß es wohl über längere Zeit ein geteiltes Deutschland geben würde und daß seine Visionen aus den 20er Jahren jetzt konkrete Gestalt annehmen würden. Seine christliche Grundeinstellung war den deutschen und russischen Kommunisten, die immer mehr das Sagen in Arendsee hatten, nicht sehr angenehm. Auch die Lage Arendsees so dicht an der Zonengrenze machte es Nagel nicht leichter, sich wieder zu profilieren. Trotzdem: Er gab nicht auf, seine politischen Anschauungen kund zu tun und schrieb am 10. Juni 1948 Briefe mit seiner „*Friedensbotschaft*“ an die englischen, amerikanischen und französischen Kommandanturen in Berlin. Darin ist zu lesen: „*got zum grus: am 1. weihnachtstage 1938 gab mir got di botschaft: england, frankreich und deutschland sind ekzistenzfähige folksstaten, die sollen sich zum 3 bund zusammen schließen, dan mag kommen was wil, stehen si ununterbrochen sicher da. diese friedensbotschaft gottes wurde mir fon der gesamten hitlerfürung als landesferrat erklärt und strenge ferboten si weiter zu ferbreiten. da alle weiteren botschaften gottes den verlust des krieges und die einstellung des kriges ferlangten und schon 1943 di kapitulazjon ankündigten und ich dan ein gedicht mit dem schlussaz schrieb: ‘liben nicht haßen, gottes hand faßen, schaft jeder das meiste’, brachte man mich nach foraufgegangenen schweren überfällen auf mein tempelheim am 2. juni 1943 gefangen ins konzentratsjonslager dachau bei münchen und wurde ich erst wider nach krigsschlus entlasen: wo ich dan als erstes gedicht an meine öffentliche anschlagstafel das gedicht anheftete ‘ir fölker müßet euch fersönen’. jezt zu fingsten 1948 emfing ich dan fon got di botschaft. got wil eine wundertat tun zum fridensabschlus dahin, das di polizei di grenze ferlaßen mus, und alle fremden folksstaten hinter unsere faterländische alte landesgrenze zurükgen, der weltwirtschaftsstrom flißen wird und weltwirtschaftsbrüder kommen: dazu got meine liderhalle als di fridenskapelle und mich als fridensapostel bestimt und wider neu als sein botschaftsemfänger, dichter und lidermacher bestätigt hat.*

jezt etwas for fingsten 1948 emfing ich fon got di botschaft: gottes almächtige hand rüret durchs faterland, und got wil dem ältesten son ein königreich geben. als ich diserhalb unsern schulleiter um das jetzige ferhältnis der kronprinzen söne um auskunft bat, gab mir derselbe irtümlich den bescheid, der geburtsälteste son heist prinz fridrich wilhelm 42 jare alt. der lebt, wärend der jüngste son im krige gefallen ist, nachträglich aber wurde mir anders bezeugt: das prinz fridrich wilhelm im krige schwer ferwundet gestorben ist somit prinz lui ferdinand als lebend ältester für di königsbotschaft gottes gilt.

dis dem wolwollen aller fölker hirmit zur kentnisname gegeben. dem beistand gottes befolen.

gez. gustaf nagel
fridensapostel.

das deutsche folk gerettet wird, es wird ein könig regiren, gerechtigkeit anzurichten und der gerechtigkeit frucht wird fride sein."

Durch diesen Brief erregte er beachtliches Aufsehen, zumal er darin ein Bündnis zwischen England, Frankreich und Deutschland forderte. Dies war in den Augen der sowjetischen Besatzung blanker Hochverrat, und es ist anzunehmen, daß er bei ihnen spätestens jetzt auf der „schwarzen Liste" stand. Er ignorierte gewollt oder ungewollt die bestehende Ordnung unter kommunistischer Leitung in der sowjetischen Zone, und obwohl er sonst oft die politischen Realitäten nicht richtig deuten konnte, erkannte er doch, daß von Stalin her für ihn als Christ nicht viel Gutes zu erwarten war. Geschickt unterschlug er seinen Aufenthalt in der Nervenheilanstalt Uchtspringe. Dies gab seinem Brief eine gewisse Glaubhaftigkeit, und wahrscheinlich nur deshalb ließ man ihn in Arendsee noch gewähren.

1949 hatte Gustav Nagel seinen letzten großen Auftritt in der Öffentlichkeit. Er plante die bis heute unvergessene Königskrönung mit dem Herzog von Cumberland, den er – Gustav Nagel von Gottes Gnaden – in Arendsee zum deutschen König krönen wollte und wozu er sogar die Zustimmung des Osterburger Landrates erhielt. Am 17. Februar 1949 war in der *Volksstimme* zu lesen: *„aufruf! zur königskrönung werden zur zusammenstellung eines gemischten kores freiwillige sänger und sängerinnen gesucht, di bereit sind, zur ere gotes und seiner neuen ordnung feierlich zu singen. ich bitte, sich bei mir zu melden.*

gustaf nagel, fridensapostel.

Zurück zur Natur! Ihr glaubt es nicht? Aber hier steht es doch, wir erhalten wieder eine Monarchie! Lang lebe der König von Gottes Gnaden 'gustaf der erste'!

Deshalb meldet euch zum Chor, um dem Friedensapostel ein Loblied zu singen. Bevorzugt werden Volkspolizisten, um unsern Herrn und Gebieter zu schützen. Es könnte ja sein, daß ihm 'böswillige Menschen' nicht gut gesonnen sind und ein Attentat auf ihn verüben wollen.

Wir empfehlen dem Chor, unserem 'könig' neben dem laufenden Programm noch ein anderes Lied beizubringen, nämlich das Lied einer besseren, fortschrittlicheren Welt."

Gustav Nagel ignorierte die versteckte Drohung wie immer, und die Arendseer konnten am 4. März 1949 überall in der Stadt einen Anschlag mit dem folgenden Text lesen:

„An die Einheimischen von Arendsee
Gott zum Gruß

Mit Befürwortung des Herrn Landrates ist mir von der Kreispolizei die Genehmigung erteilt, am Dienstag, den 22. März 1949 mittags 1 Uhr, an und mit dem mir von Gott gegebenen Weißen Siegerkreuz Jesu auf Gottes Befehl unseren neuen Deutschen König, einen Urenkel Kaiser Wilhelms I., krönen zu können, die Königskrone das Gnadenzeichen Gottes sei, und Gott verheißt uns, daß das Wunder der Technik, wie Wasser, Luft, Feuer und Elektrizität, auch die Atomkraft, friedfertig in die Technik eingeschaltet wird, wir so dazu festes Gottvertrauen haben sollen, daß Deutschland mit Gottes Hilfe und Beistand von feindlicher Besatzung befreit, das Deutsche Volk wieder zu Glück und Wohlstand aufwärts steigen wird, Zufriedenheit macht reich. Gott will den Krönungstag mit seinem ganz besonderen Segen erfüllen und die Kreispolizei hat dazu Schutz und Ordnung übernommen;

Ich lade hiermit die Einwohner von Arendsee herzlich ein, uns am Krönungstage 22.3.49 mittags 1 Uhr mit ihrem Besuch beehren zu wollen. Dem Beistand Gottes befohlen

Gustav Nagel

als von Gott verklärtes Werkzeug, sein Friedensapostel, Botschaftsempfänger, Dichter und Liedermacher zu sein."

gustaf nagel schlägt am Schwarzen Brett die Bekanntgabe der Königskrönung an

Seite 73: gustaf nagel im Gespräch mit Besuchern und Lageplan für einen Neubau im Arendseer Birkenwäldchen

Er bereitete die gesamte Zeremonie sehr gewissenhaft vor und beantragte sogar eine gesonderte Zufahrt sowie Parkplätze zu seinem Grundstück, die er tatsächlich auch genehmigt bekam.

Der große Tag der Königskrönung war gekommen, mehr als 200 Menschen umlagerten bereits ab Mittag sein Grundstück und warteten darauf, daß die Veranstaltung begann. Doch es geschah nichts, kein Chor sang, keine Ansprache, und natürlich erschien der Herzog nicht zu diesem zweifelhaften Unterfangen. Nach etwa zweistündiger Wartezeit trat Gustav Nagel heraus und sagte die Krönungsfeiern mit der Bemerkung ab, der Herzog würde an der Anreise gehindert. Kaum ein Besucher war ihm deshalb böse, hatten doch alle mehr oder weniger erwartet, daß die Feier ausfallen würde.

Am 11. Juni 1949 schrieb er an den Landrat in Osterburg, daß er eine weitere Botschaft Gottes erhalten habe und die Königskrönung jetzt am 8. Juli 1949 stattfinden solle. Diesmal wurde die Versammlung nicht genehmigt, und die Krönungsfeier fiel aus. Doch noch einmal war es Gustav Nagel gelungen, hunderte Menschen zu mobilisieren und wieder in den Zeitungen in ganz Deutschland für Aufsehen zu sorgen.

Gustav Nagel fand sich mit den neuen, durch den verlorenen Krieg entstandenen Gegebenheiten nicht ab, wollte auch die sich immer mehr abzeichnende Teilung Deutschlands nicht hinnehmen. So ist die „Königskrönung" wohl als sein Versuch, einen Beitrag zur Einheit Deutschlands zu leisten, zu sehen.

Interessant ist in diesem Zusammenhang auch, daß sich in den niedersächsischen Archiven, denn den Titel „Herzog von Cumberland" führte zu dieser Zeit Prinz Ernst August von Braunschweig und Hannover, laut einer Mitteilung des Sekretariats des Prinzen auf schriftliche Nachfrage durch Heinz Bräuer keinerlei Unterlagen oder gar eine Einladung zu dieser „Krönungsfeier" befindet. War es von Nagel nur ein gut gespieltes Theaterstück oder gar eine Inszenierung von Journalisten?

Daß Gustav Nagel immer noch sehr bekannt war und ein Besuch bei ihm zu jedem Arendseebesuch zählte, beweist ein Eintrag in der Wistedter Schulchronik vom 29. Juli 1949, als die Schüler der kleinen Dorfschule nahe Salzwedel einen Ausflug zum Schuljahresabschluß unternahmen. *„Auch dem bekannten Volks- und Naturmenschen Gustav Nagel, der alles – auch seinen Namen – klein schreibt, wurde ein Besuch abgestattet. Er hielt uns einen Vortrag über seine Welt- und Religionsauffassung und zeigte uns seine Wohnlichkeiten. Er sang mit Klavierbegleitung auch seine frommen Lieder. Erstaunt war man über die primitiven Lebensverhältnisse dieses Einsiedlers und Schwärmers hier am See.*"

Noch am 10. August 1950 schrieb er an Freunde in völliger Unkenntnis oder Ignoranz seiner Lage; *„ich füle mich ser reich, das ich wider in meinem tempelheim bin, welches unter gotes sigelschutz stet, bin gesund und zufriden, mus täglich vor massenbesuch gotes werkzeug sein, das obst schmeckt mir ser gut und auch die buterstule, ales one fleischspeisen; wärend sich andere meister, di noch jünger sind, schon auf die altersrue eingestelt haben, will mich der libe got noch 20 jare als sein werkzeug voltätig haben.*"

Die offiziellen Stellen in der Sowjetischen Besatzungszone und die Kommissare der Roten Armee konnten über die Königskrönung und die anderen Einfälle Nagels nicht lachen. Gustav Nagel wurde für sie zu einer Bedrohung der Ordnung und Sicherheit an der Zonengrenze, wie es so schön hieß. Da er an den *„Stern von Golgata und Jesus*" glaubte und so gar nicht für den „roten Stern" und Stalin zu begeistern war, machten sie es wie auch schon die Regierung vor ihnen: Sie schickten Gustav Nagel da hin, wo er hergekommen war und

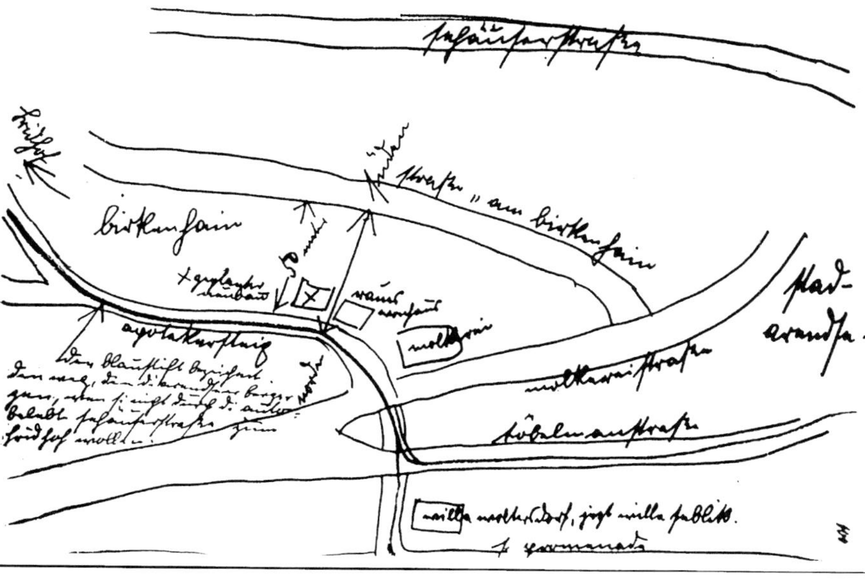

got zum grus, uchtspringe sontag 8.4.51.
ser geerte direksjon, uchtspringe.
der almächtige got, der di libe ist, botschaftete heute, wen si mich jezt nicht entlassen
wollen, wi ich es inen for einigen tagen mitgeteilt habe, das got wil,
das ich sofort nach arendse zurük mus, zur
bestellung meines gartens, und zur wider in
angrifname meiner reichsgottes lider macher
arbeit, und zur ferhütung der weiteren
beraubung meiner edelpflanzungen; wen
si disen heiligen willen gottes nicht erfüllen wollen, dan komt der krig mit
seinen furchtbarsten schrekken:
so also lautet di heutige warnungs botschaft gottes;
der dritte wegweiser gottes warnt for
gefaren; wer sich for einer gefar warnen
läst, an dem get di gefar spurlos forüber,
wer sich aber nicht warnen läst, komt
in der gefar um;
dem schutz und beistand gottes
befolen, gustaf nagel
als fon got ferklärtes werkzeug, sein
fridensapostel, botschaftsempfänger, dichter
und lidermacher zu sein.

Eines der letzten schriftlichen Dokumente gustaf nagels vom 8. April 1951

wogegen er ein Leben lang kämpfte – in die Heil- und Pflegeanstalt Uchtspringe.

Obwohl er in der Uchtspringer Anstalt alle nur erdenklichen Freiheiten hatte, wurde er immer verzweifelter, und die Angst, sein geliebtes Arendsee vor seinem Tode nicht mehr wiederzusehen, machte ihn melancholisch. Am 8. April 1951 unternahm er einen letzten verzweifelten Versuch, aus der Anstalt entlassen zu werden. Gustav Nagel schrieb an die Direktion der Anstalt folgenden Brief:

„got zum grus,

ser geerte direksjon, uchtspringe,

der almächtige got, der di libe ist, botschaftete heute, wen si mich jezt nicht entlassen wollen, wi ich es inen for einigen tagen mitgeteilt habe, das got wil, das ich sofort nach arendse zurük mus, zur bestellung meines gartens, und zur wider in angrifname meiner reichsgottes lidermacher arbeit, und zur ferhütung der weiteren beraubung meiner edelflanzungen; wen si disen heiligen willen gottes nicht erfüllen wollen, dan komt der krig mit seinen furchtbarsten schrekken. so also lautet di heutige warnungsbotschaft gottes;

der dritte wegweiser gottes warnt for gefaren; wer sich for einer gefar warnen läst, an dem get di gefar spurlos forüber, wer sich aber nicht warnen läst, komt in der gefar um,

dem schutz und beistand gottes befolen,

gustaf nagel

als fon got ferklärtes werkzeug, sein fridensapostel, botschaftsempfänger, dichter und lidermacher zu sein.“

Doch die Anstaltsdirektion hatte keine Angst vor seinen Prophezeiungen und Warnungen. Dieser Brief zeigt aber auch, daß Nagel die neuen politischen Gegebenheiten wie so oft zuvor nicht richtig einschätzte. Etwas später wurde er dann auch deutlicher und sicher auch schon wütender. Er schrieb:

„der direktsjon uchtspringe gewidmet. ser geerte direksjon,

glauben si wirklich, das di fon der demokrati neu ins leben gerufene sicherheitspolizei, di, um mich ferhaften zu können, sich der lüge bedint hat und got und das richteramt mit seinem bürgerrechten unter di parteilich einseitig ausgerichtete polizeigewalt gestelt und herabgewürdigt hat, deutschland wider zur freiheit retten und sicher stellen kan? ich sage dazu mit got nein nimals genau so hats adolf hitler gemacht der dadurch di hölle auf erden schuf, er und seine obersten fürer sich selbst fergiften musten, deutschland noch heute zerschlagen in feindeshand ligt.“

Alles Schimpfen und Bitten half ihm nichts mehr, er sah sein geliebtes Arendsee mit dem Paradiesgarten und seinem Tempel nicht wieder. Am 15. Februar 1952 starb er im Alter von fast 78 Jahren in Uchtspringe an Herzmuskelschwäche. Am 21. Februar wurde er in Anwesenheit seines Sohnes Johannes und einer großen Zahl Arendseer Bürger auf dem städtischen Friedhof in Arendsee beigesetzt. Die Trauerrede hielt in Abwesenheit des Arendseer Pfarrers Kannicht sein Vertreter, der Vikar Fliege aus Kläden.

Auf seinem schlichten Grabkreuz stehen die Worte:

„hir rut in got – gustaf nagel.“

Doch auch im Tode tanzt im wahrsten Sinne des Wortes Gustav Nagel noch aus der Reihe. Sein Grab auf dem Städtischen Friedhof Arendsee, Feld G, Grabnummer 260, steht als einziges Grab auf dem Friedhof nicht in der Reihe, sondern über 50 cm weiter in den Weg. Ob es von Nagel gewollt oder reiner Zufall war, kann heute nicht mehr geklärt werden, jedoch ist es für das Leben des Arendseer Originals mehr als typisch – er tanzte immer aus der Reihe.

Als kleine Würdigung seines Lebens sei hier eine Todesmeldung über Gustav Nagel abgedruckt, die fälschlicher Weise in der *Berliner Allgemeinen Zeitung* erschien, als die Redakteure Gustav Nagel mit Ludwig Christian Haeusser verwechselten, der am 4. Juni 1927 starb.

„Berlin hat ein Original weniger – justav nagel ist tot. – Wer hätte ihn nicht gekannt...

Man sah ihn manchmal in den Straßen Berlins, – eine wunderlich anmutende Erscheinung, die mächtige Stirn von buschigem Haar umwallt. das traditionelle, härene Gewand der Propheten umwehte ihn, Sandalen, Strick und ein Schnappsack vollendeten den Anzug.

So zog er einher wie ein biblischer Mann. Allerorten predigte er das Evangelium der freien Liebe, der Pflanzenkost und der phonetischen Rechtschreibung. Er eiferte gegen den Genuß von 'Tierleichen', gegen den Alkohol und die jetzige Form der deutschen Grammatik. ('Das ABC hat sechs Buchstaben zu viel und vier zu wenig'.) Alle Menschen hatten ihn lieb, nur die Gastwirte, Oberlehrer und Barbiere nicht. Seine 'Sendung' war einfach und unkompliziert. Sie bestand darin: eben da zu sein. Durch die unleugbare Tatsache seiner Existenz wollte er beweisen, daß mit der Aufstellung von Fabrikschornsteinen und der sinngemäßen Anwendung von Rechenschiebern und Treibriemen die Möglichkeiten des Lebens durchaus noch nicht erschöpft sind. Er war der große Meister der 'Walze', der Apostel aller Sonnenbrüder und Vagabundinnen. Jede Herberge zur Heimat wurde ihm Kirche. Hans Baluschek hat ihn gemalt und der vegetarische Dichter Magnus Schwantje hat ihn besungen.

Sein Freundeskreis war groß, unbeschränkt. Mit den Arbeitslosen saß er auf den Steinstufen vor den Häusern in der Gormannstraße, disputierte mit ihnen über Sozialismus und Reli-

gion; – in den kühlen Wandelgängen der Staatsbibliothek traf man ihn ebenso häufig wie in den großen Konzertsälen Berlins. Oder man sah ihn, wie er durch die Straßen wandelte, geruhsamen Schrittes, die Arme über der Brust ineinander verschränkt, den Kopf besinnlich nach vorn geneigt ... Er bückte sich nach jeder Brotkrume, die im Staube lag, reinigte sie liebevoll und barg sie im Schnappsack. Traf er jemand, der ihn Belehrung wert dünkte, dem schenkte er eine wunderliche Zeitung, deren Spalten voll waren von Themen: Zurück zur Natur.

Manche sagen von ihm, daß die Sache mit dem Brotsammeln eine raffinierte Bettelmethode gewesen sei. (Es sind ihm viele Almosen zugeflossen.) Mag dem vielleicht so sein, für die angebliche Gewinnsucht ist jedoch nicht der geringste Beweis erbracht. Erwähnenswerter jedoch als diese Geste justaf nagels scheint dem Chronisten, seine wahrhafte Freude aus tiefster Seele kommende Heiterkeit des Gemütes, die schlichte Freude an den Schönheiten der Natur, der jeder Sinn für Trübseligkeit und trauernde Meditation fehlte. Er hat Zeit seines Lebens gern gelacht und er würde, könnte er seinen Nachruf lesen, von Herzen lachen über das Wort, das seiner eigenen Persönlichkeit den letzten Stempel aufprägt: Der Tod hat den Nagel auf den Kopf getroffen.“

gustaf nagel im Kreise von Arendseer Frauen, unter denen er sich immer wohlfühlte

in disem zeichen wirst du sigen – gustaf nagel vor seinem Siegerkreuz

Seine Kinder haben 1952 bereits Arendsee verlassen. Johannes, der zweitjüngste Sohn aus zweiter Ehe, war lange Zeit ein erfolgreicher Vertreter einer Baumschule und ist Laien-Prediger der Siebentags-Adventisten im wendländischen Gartow. Er feierte 1996 seinen 80. Geburtstag und ist gern gesehener Gast in Arendsee und zu den Nageltagen. Er ist, wie seine Frau Frieda, zeitlebens Vegetarier. Die Familie Nagel hat vier Kinder und sieben Enkelkinder, die, wie Johannes Nagel berichtete, alle eine gute berufliche Ausbildung erhalten haben und als Christen und Vegetarier erzogen wurden.

Friedrich Nagel (2. v. links) zu Besuch bei der Familie Ohle in Arendsee

Gottfried Nagel wohnte nach dem Kriege lange Zeit im hessischen Sontra unweit von Bebra, wo er als Vegetarier in der Gärtnerei Kiehne biologischen Gemüseanbau betrieb. 1952 machte er sich selbständig und betrieb einen eigenen Gartenbaubetrieb in Oberursel/Taunus, den er aber 1965 wieder aufgab.

Friedrich, Nagels Sohn aus der Ehe mit Maria Anna Konhäuser, war in den 40er Jahren sowie nach dem Krieg mit seiner zweiten Frau, einer hübschen Ungarin, des öfteren Gast der Arendseer Familie Ohle. Er verstarb 1976 in Pforzheim, leider ist nicht mehr über ihn bekannt.

Ähnlich ist es mit einer Luise Nagel, die bei den Wahlen zur Miß Berlin 1954 als Tochter von Gustav Nagel durch die Presse ging.

8

Gustav Nagel und kein Ende

Mit dem Tode des Arendseers Wanderpredigers fand der Streit um die Person Gustav Nagel und sein geistiges Erbe noch nicht seinen Abschluß. Sein Garten und den Tempel verfielen rasch, da sich niemand dafür verantwortlich fühlte. Bereits am 21. Februar 1952 wurde das Harmonium aus Nagels Besitz zur Verwahrung in die Aula der Arendseer Schule überführt. Der Verfall des Grundstückes war Teil der Politik der DDR, denn nicht nur, daß ein Wanderprediger wie Gustav Nagel überhaupt nicht in das sozialistische Weltbild jener Tage paßte, auch das Grundstück stellte eine Sonderstellung dar. Es war ein sogenanntes Westgrundstück, da beide noch lebenden Kinder von Gustav Nagel in der Bundesrepublik lebten. Diese Grundstücke und die darauf befindlichen Gebäude wurden oft bewußt vernachlässigt. In der Nachbetrachtung muß jedoch auch gesagt werden, daß von den Erben keine Aktivitäten bekannt sind, die Nagelbauten zu erhalten. Es ist daher nicht einfach möglich, der DDR-Regierung die Alleinschuld am Zerfall dieser für die Arendseer Heimatgeschichte sehr interessanten Bauten zu geben.

Postkarte Arendsee, Blick auf den verlassenen Seetempel nach 1956

Seite 78: Das Seegrundstück mit Schwanenhäuschen

Zuerst waren nur ein paar Scheiben kaputt, dann wurde die Tür aufgebrochen, und der Zahn der Zeit tat sein Übriges, um die Anlage verkommen zu lassen. Von Seiten des Rates der Stadt Arendsee wurden zwar mehrere recht halbherzige Versuche unternommen, das Grundstück zu erhalten, jedoch die Vertreter des Kreises Seehausen und des Bezirkes Magdeburg, zu dem Arendsee gehörte, verstanden es nicht, diese Touristenattraktion zu pflegen und zu erhalten.

Als ein Beispiel sei hier der Versuch der Stadt genannt, 1959 mit dem in Gartow lebenden Nagelsohn Johannes Kontakt aufzunehmen, um dessen Zustimmung zur Restaurierung des Pavillons zu erreichen. Wie Johannes Nagel berichtete, stimmte er mit dem Hinweis zu, daß diese Restauration nicht seine Eigentumsrechte am Grundstück beeinträchtigte. Daraufhin unterblieben die Bauarbeiten.

Selbst im Museum durften keine Gegenstände aus den Tempelanlagen oder gar Schriften ausgestellt werden. Totschweigen war angesagt, und

stand dann einmal etwas über Nagel in der Zeitung, so war es ähnlich dem „Tourist Wanderheft Arendsee-Osterburg-Werben-Salzwedel-Seehausen“ aus dem Jahre 1977: *„gustaf nagel – ein närrischer Apostel*

Eng verbunden mit Arendsees Aufschwung als Luftkurort ist das Wirken eines närrischen Apostels und raffinierten Geschäftemachers. Der 1874 in Werben geborene 'gustaf nagel', ein gelernter Kaufmann, begann 1896 in Arendsee sein Leben als 'naturmensch' und setzte seine Laufbahn als 'wanderprediger, dichter, tempelwächter von gottes gnaden', 'Reichstagsabgeordneter' der von ihm gegründeten 'kristlichen mittelstands folkspartei', Verfechter einer vereinfachten deutschen Rechtschreibung und 'lidermacher' in Arendsee fort. Nachdem sich die von ihm gegründete Badeanstalt als unrentabel erwiesen hatte, errichtete er 1911 einen Tempel und lebte von da ab von der Dummheit seiner Zeitgenossen so gut, daß er im Jahre 1929 Grund und Boden mit einem Steuerwert von 1.000,- Mark und einem Verkaufswert von über 5.000,- Mark besaß. Auf Grund seiner Einlaßkartensteuerabrechnung lassen sich seine Einnahmen für die Zeit vom 16.5. bis 29.8.1928 auf 2.637,- Mark errechnen. Seine wirklichen Einnahmen jener Saison schätzte der Magistrat von Arendsee jedoch auf 3.600,- bis 4.000,- Mark. Auch im Winter blühte das Geschäft, wenn Nagel von Ort zu Ort durch Deutschland zog und vor sensationslüsternen Augen und Ohren als talarbekleideter Wanderprediger auftrat. 'durch meine lebens- und baukunstentfaltung und weltbekantheit hat die stadt schon jetzt eine große ernte, man sagt auch, ich sei der beste steuerzahler', schrieb er 1929 an den Bürgermeister. Zweifelsohne hat Nagel manchen Besucher nach Arendsee gezogen, jedoch hat nicht er Arendsee groß gemacht, wie er gern behauptete, sondern die günstige Lage Arendsees, die er mit geschäftswitterndem Spürsinn für sich ausnützte, sowie die absterbende bürgerliche Gesellschaftsordnung ermöglichten es ihm, dem schon 1901 Entmündigten, ein Schmarotzerleben zu führen.

Die bürgerliche Gesellschaft entwickelte Arendsee aus Profitgier zum Luftkurort und gestattete einem von den Ärzten als geisteskrank Erklärten ein Menschenleben lang, auf Dummenfang auszugehen, um selbst daran zu verdienen. Die Profit- und Raubgier jener kapitalistischen Gesellschaft stürzte die Welt zweimal in den Krieg und führte Deutschland so an den Rand des Abgrundes.“

Eine Tafel mit ähnlicher Inschrift befand sich auch im Arendseer Heimatmuseum. Es verwundert daher nicht, daß im Jahre 1972 Angehörige des Forstwirtschaftsbetriebes Salzwedel sich daran machten, die Reste des Seetempels mit Technik abzureißen und zu vernichten.

Doch neben der offiziellen Auffassung gab es im Sozialismus immer auch Nischen, in denen man sich in halbprivater Form einige Spielräume schaffen konnte. Ungeachtet der Einstellung ihrer Vorgesetzten zu Gustav Nagel veranstaltete in den siebziger Jahren die damalige Arendseer Museumsleiterin Anita Piesch eine große Nagel-Ausstellung, die von mehreren Tausend Menschen besucht wurde und zu der viele Arendseer Ausstellungsstücke bereitgestellt hatten. Erstmals wurden hier unkommentiert Originale einer breiten Öffentlichkeit gezeigt und das Interesse an Gustav Nagel in weiten Teilen der Arendseer Bevölkerung geweckt.

Dem „Urvater“ der Gustav-Nagel-Forschung, dem Arendseer Schneidermeister Wilhelm Wellmann, ist es vor allem zu verdanken, daß der Wanderprediger und sein Leben nicht völlig in

Der Bootssteg am Arendsee nach 1960

Die ersten Zeichen der Zerstörung: der verlassene Seetempel

Vergessenheit geraten sind. Er belieferte interessierte Besucher aus Ost und West mit Nagelunterlagen und ermöglichte dadurch z.B. auch dem Magdeburger Schriftstellerehepaar Johanna und Günter Braun, in ihrem im Aufbau-Verlag 1974 erschienenen Buch *Lieber Kupferstecher Merian* ein für die damalige Zeit durchaus realistisches Nagelbild zu zeichnen.

Auf dem Nagelgelände neben der Kurhalle wurde 1959 eine Kaffee-Baracke des Feriendienstes des FDGB-Gewerkschaftsbundes errichtet, sie durfte jedoch keinen Hinweis auf Nagels Grundstück enthalten. Die daneben stehende Kurhalle wurde bereits in den siebziger Jahren und dann verstärkt zur 800-Jahrfeier der Stadt Arendsee im Jahre 1984 von Mitgliedern des damaligen Kulturbundes der DDR, Ortsgruppe Arendsee, zu erhalten versucht. Besonders aktiv waren hierbei Wolfgang Kunert, Otto Friedrich Goyer und zahlreiche andere Mitglieder der Numismatiker- und Philatelistengruppe. Dies war nicht einfach, denn abgesehen von der schwierigen Materialbeschaffung, mußten die Arbeiten als Ausbau eines Versammlungsraumes „getarnt" und unentgeltlich am Wochenende durchgeführt werden. Sie stellten besonders beim Abdichten des gewölbten Daches der Kurhalle die Mitglieder vor erhebliche Probleme.

Bei einem geschichtlichen Rückblick zur 800-Jahrfeier Arendsees von Eckehard Schwarz, der in mehreren Teilen in der Regionalausgabe des damaligen SED-Parteiorgans *Volksstimme* erschien, wurde der Beitrag über Gustav Nagel noch mit der Bemerkung gestrichen, daß so etwas nichts in der Zeitung zu suchen habe. Lediglich die viel kleinere *Liberal-Demokratische Zeitung (LDZ-Altmark)* brachte am 15. Mai 1984 einen Bericht über Gustav Nagel zu diesem Anlaß. Dies war der erste Zeitungsartikel über ihn in einer Zeitung nach 1963, als letztmalig die *Volksstimme* über *„gustaf und die Frauen"* sehr einseitig berichtete.

Nicht zuletzt durch die in vielen Orten nach 1980 geförderten Heimatfeste und die Vorbereitung der 800-Jahrfeier der Stadt mit ihren zahlreichen Ausstellungen und Aktivitäten zur Erforschung der Heimatgeschichte, setzte auch in der Arendseer Bevölkerung ein endgültiger Sinneswandel ein. Hatte man in den fünfziger und sechziger Jahren noch Originale von Gustav Nagel achtlos auf dem Müll geworfen, so begann man jetzt, diese im Flur oder sogar im Wohnzimmer aufzuhängen. Zudem war mit Christine Meyer eine weitere Nagelkennerin herangewachsen, die viel für die Nagelforschung getan hat. Zur 800-Jahrfeier gestaltete sie ein viel beachtetes Schaufenster mit Bildern und Karten aus dem Leben des Wanderpredigers. Im Festumzug mußte Gustav Nagel offiziell noch fehlen, daher ging ein junger Mann mit langen Haaren und einem aus zwei Tischdecken hergestellten Gewand ohne Schild mit, der mit sehr viel Beifall begrüßt wurde, denn auch ohne Namensschild wußten alle, wen er darstellte – ihren Gustav.

Jetzt ging vieles, was über Jahrzehnte nicht möglich war. Im Museum verschwand die naive Beschreibung des Lebenswerkes Gustav Nagels und wurde durch eine Tafel mit zahlreichen Bildern, die in den hintersten Ecken des Museumsarchivs die Zeiten überdauert hatten, neu gestaltet. Berichte über Nagel in den Zeitungen oder gar Rundfunk- und Fernsehberichte blieben jedoch rar. Hier und da erschienen Artikel über Arendsee, in denen auch Nagel Erwähnung fand, so in der *Jungen Welt* oder der *Tribüne*. Eine positive Ausnahme war die 92. Folge der sehr beliebten Sendereihe *„Landpartie – Heimatkunde mit Musik"* von Radio DDR, in der Eckehard Schwarz die beiden Arendseer Persönlichkeiten Dr. Eisenbarth und Gustav Nagel einem großen Zuhörerkreis vorstellen konnte.

Bereits kurz nach der Wende erschienen vermehrt Artikel in den regionalen und überregionalen Zeitungen über Gustav Nagel, die ihn und sein Werk in einem zeitgemäßen neuen Licht darstellten. Die Stadt Arendsee und der „Fremdenverkehrsverein Arendsee und Umgebung“ haben sich jetzt der Nagelpflege angenommen. Auf großen Festen in der Region sowie auf Tourismusmessen wird mit der Figur des Wanderpredigers gustaf nagel für den Luftkurort Arendsee geworben. Reno Metz übernahm offiziell seit 1995 die Aufgabe, gustaf nagel nicht nur rein äußerlich darzustellen.

Am 15. Februar 1996 bildete sich die *Arbeitsgruppe Gustav Nagel* als Teil des Fremdenverkehrsvereins unter Leitung von Christine Meyer, Reno Metz und Eckehard Schwarz. Diese Arbeitsgruppe machte es sich zur Aufgabe, den Verfall des Nagelareals zu stoppen und vor allem die von Gustav Nagel vertretenen Lehren, zum Beispiel der Naturheilkunde, zu verbreiten. Neben diesen Punkten ist es eine weitere Festlegung, die für die Nagelfreunde von großer Wichtigkeit ist. „Die Arbeitsgruppe organisiert zur Förderung und Verbreitung der Ideen von Gustav Nagel, sowie als Teil der Tourismusförderung in der Stadt am 13. Juli einen Gustav-Nagel-Tag auf dem Gelände des ‘birlokals“. Dies war die Geburtsstunde der Gustav-Nagel-Tage, die seitdem jährlich in Arendsee stattfinden. Diese Veranstaltungen ziehen immer mehr Menschen nach Arendsee und leisten einen großen Beitrag zur Verbreitung des Lebens und Wirkens des Wanderpredigers. Am 13. Juli 1996 fand der erste Nageltag auf dem Seegrundstück von Nagel statt.

Auf dem Nagel-Areal begannen 1997 die ersten Sicherungsarbeiten. Es wurde mit der Einfriedung des Seegrundstückes begonnen, neue Schautafeln aufgestellt und auch die Grünflächen für die Besucher neu gestaltet. Mit großer Freude begrüßten die 250 Besucher zum 2. Gustav-Nagel-Tag am 5. Juni 1997 den Sohn Gustav Nagels, Johannes Nagel, der im wendländischen Gartow lebt. Am Rande dieser Veranstaltung wurde mit Johannes Nagel vereinbart, daß das Seegelände Ei-

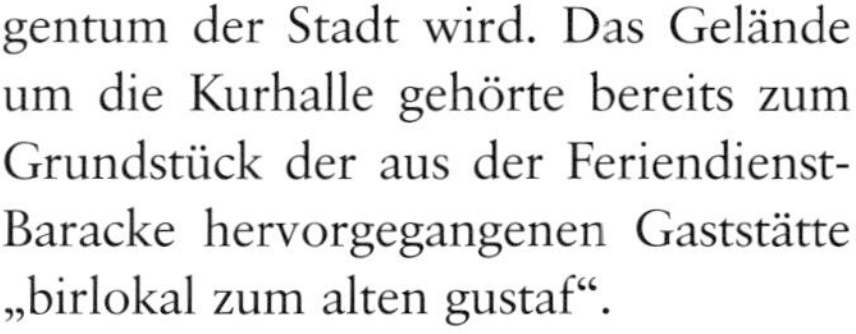

gentum der Stadt wird. Das Gelände um die Kurhalle gehörte bereits zum Grundstück der aus der Feriendienst-Baracke hervorgegangenen Gaststätte „birlokal zum alten gustaf“.

Doch bereits während der Vorbereitung des 3. Nageltages stellten die Organisatoren und die Verantwortlichen des Fremdenverkehrsverein fest, daß die Möglichkeiten der zumeist nur aus drei Personen bestehenden Arbeitsgruppe sehr begrenzt sind. Am 3. Dezember 1998 löste sich diese Arbeitsgruppe auf. Bereits am 14. Januar 1999 trafen sich zahlreiche interessierte Einwohner der Stadt im Hotel „Deutsches Haus“, um den gustaf-nagel-Förderverein

Arendsee ins Leben zu rufen. Erster Vorsitzender wurde Reno Metz, weitere Vorstandsmitglieder bei der Gründung waren Gudrun Güßfeld, Yvonne Knobloch, Burkhard Bannier

und Eckehard Schwarz. Unter Paragraph 2 der Satzung werden die Ziele und der Zweck des Vereins festgelegt, darin steht unter anderem:

„1. Der Verein bezweckt die Förderung des Brauchtums und will das Leben und Wirken Gustav Nagels heimatgeschichtlich aufarbeiten und verbreiten.

2. Der Verein verfolgt ausschließlich und unmittelbar gemeinnützige Zwecke im Sinne des Abschnitts ‘Steuerbegünstigte Zwecke’ der Abgabenordnung in der jeweils gültigen Fassung.

3. Der Verein ist politisch und konfessionell neutral.“

Ein weiteres wichtiges Hauptaugenmerk der Vereinsarbeit bildet seit seiner Gründung die Sicherung und Neuinstandsetzung der Nagelbauten.

Doch ein anderes Datum beschäftigte die Mitglieder des Förderverein und alle anderen Nagel-Freunde noch mehr: der 125.Geburtstag des Wanderpredigers am 28. März 1999. Dieser sollte in würdiger Form und mit überregionaler Ausstrahlung veranstaltet werden. Auf Anregung von Horst Batt vom Fremdenverkehrseigenbetrieb drehte ein Team des Mitteldeutschen Rundfunks für die Sendereihe „Hier ab Vier“ einen Beitrag über Gustav Nagel. In diesem am 25. März 1999 im MDR gesendeten Beitrag kamen neben Christine Meyer, Reno Metz und Eckehard Schwarz erstmals auch Johannes Nagel und Heinz Berger im Fernsehen zu Wort. Drehorte waren das Grab Nagels auf dem Arendseer Friedhof, das Nagel-Grundstück am See und das Heimatmuseum. Ein weiterer Höhepunkt der Ehrungen für Nagel war die feierliche Umbenennung des dritten Seeweges in „gustaf-nagel-Weg“ sowie die Enthüllung einer Gedenktafel am Seegrundstück Gustav Nagels. „Mit dieser Namengebung sollen der Idealismus und Enthusiasmus der Arendseer Nagelforscher und das bißchen Geschichte, die unsere kleine Stadt nur hat, gewürdigt werden“, betonte Arendsees Bürgermeister Klaus Führ in seiner Ansprache.

Auf dem Nagelgrundstück konnten 1999 durch vier ABM-Kräfte die Arbeiten weitergeführt werden, so entstand unter anderen das Harmoniumhäuschen wieder neu, das Fundament des Seetempels wurde gesichert und der Zugang vom „gustaf-nagel-Weg“ zum Seegrundstück neu befestigt, so daß jetzt die Besucher gefahrlos auf das Grundstück gelangen können.

9

Gustav Nagel – die Künste und der Nobelpreisträger

Gustav Nagel war kein Künstler von der Bedeutung eines Fidus oder Karl Wilhelm Diefenbach. Er malte keine Bilder, und die von ihm komponierten Lieder wurden nur auf seinem Grundstück gespielt. Auch seine Bücher und Gedichte wurden nur von ihm verbreitet. Trotzdem hatte er eine solche Ausstrahlung, daß sich Künstler mit ihm und seinem Leben beschäftigten.

1. Der Dichter

Trotz einer sehr eigenwilligen Orthographie schrieb und verlegte er zwischen 1900 und 1926 zahlreiche Schriften und Bücher, die eine beachtliche Auflage und Verbreitung fanden. Bekannt sind noch heute:
„*das natürliche und das unnatürliche sein*“, 1900,
„*das götliche sein*“, 1902,
„*Meine Kameruner Erklärung*“,
„*unsere unsterbliche sele*“, erschienen vor 1903,
„*mein pilgerstand*“, Verlag Mucke & Schaerf, Gera,
„*meine erste tempelbotschaft*“,
„*mein testament*“, 1920 zu Weihnachten erschienen,
„*gedicht für edle frauen*“,
„*der mensch und seine bildung*“, 1922,
„*der morgengrus*“.

Sein frühes Hauptwerk, das Buch „*das natürliche und das unnatürliche sein*“, erreichte eine Auflage von 15.000 Exemplaren, und auch sein wohl bekanntestes Buch, der Gedichtband „*der morgengrus*“, wurde mehr als 5.000 mal verkauft.

Die Büchlein waren schon zu ihrer Zeit nicht gerade billig und kosteten je nach Umfang zwischen zwei und sechzehn Reichsmark. Der Verkauf erfolgte fast ausschließlich in seinem Garten am Arendsee oder während seiner Vortragsreisen. Im Anhang des Buches „*der mensch und seine bildung*“ kann man zum Vertrieb folgendes lesen: „*1. tempelbotschaft 16 mark, fersand 1 mark, bei abname fon 5 stük an buchhändlerpreis, nur gegen foreinsendung des betrages direkt auf mich oder postschekkonto 95048 berlin n.w., preis freibleibend; freunde werden um ferbreitung diser botschaft gebeten, si trage damit auch zur bezalung der drukkosten und zur herausgabe weiterer tempelbotschaften, wi auch zur förderung meines tempelbaues bei;*

freiwillige dankesgaben der anerkennung und förderung, di got wolgefallen, werden gerne entgegen genommen; ortschaften, welche in der zeit fom 1. oktober bis mitte mai vorträge fon mir wünschen, wollen sich bitte vorher melden;

freunde helft tempelbotschaften ferbreiten

5 stük kan jeder ferbreiten, oder macht euch bekante interesierte händler oder kolportöre darauf aufmerksam."

Diese Bücher entstanden zumeist vor dem Jahre 1924. Sie waren ein Spiegel der christlichen Einstellung Gustav Nagels und ein Lobgesang auf die Naturheilkunde von der gesunden Ernährung bis hin zum Sonnenbad. Mehrere dieser Bücher und kleinen Hefte haben biographischen Charakter und sind daher wie so viele alte Sachen heutzutage von Heimatfreunden sehr begehrt und eine gern bestaunte heimatgeschichtliche Kostbarkeit.

Der Schriftsteller Gustav Nagel machte in seinen Werken einen nachvollziehbaren Wandel durch. Waren seine ersten Schriften noch vom Umfang her klein und flammende Erklärungen seiner Auffassung zu biblischen Fragen oder Loblieder der Naturheilkunde, so waren seine späten Bücher, wie „*der mensch und seine bildung*“, durchaus kurzweilige Schriften mit kleinen Gedichten, Autobiographien, Schrifterklärung und geordnet nach Kapiteln. Sein „*morgengrus*“ ist ein reiner Gedichtband.

An drei Beispielen soll hier die inhaltliche Wandlung des Schriftstellers Gustav Nagel belegt werden. Da die Schriften aus den frühen Jahren Nagels sehr selten geworden sind, soll hier als Beispiel die Nummer 13, „*di widergeburt*“, seiner 1906 in unregelmäßigen Abständen veröffentlichten „*Sonntagsblätter*“ wiedergeben werden.

„*di widergeburt: grüs got,*

o wie sa es aus mit mir tif traurig schlecht, krum und schif mein körper war, seine organe krank, faulig wi im morast, seine glider krampfhaft zukten oft, selbst ferlis mich der schmerz, oft war di ferzweiflung mein gast, das leben war eine bittere kwal.

mein herz war spröde, fon stein gebildet, zornige erregungen darin walten auf, kaum mag ich daran noch denken wi gefüllos fon stein und spröde kan sein eines menschen herz. o mein got, mein lieber fater habe dank das du das schiksal uns zum lermei-

Titelblatt von „der mensch und seine bildung“, 1922

di widergeburt;

grüs got,

o wi sa es aus mit mir **tif traurig schlecht**, krum und schif mein körper war, seine organe krank, faulig wi im morast, seine glider kramhaft zukten oft, selten ferlis mich der schmerz, oft war di ferzweiflung mein gast, das leben war eine bittere kwal,

mein herz war spröde, fon stein gebildet zornige erregungen darin walten auf, kaum mag ich daran noch denken wi gefüllos fon stein und spröde kan sein eines menschen herz, o mein got, mein liber fater **habe dank das du das schiksal uns zum lermeister schufst**, ja, ja, fon diesem lermeister lernte ich nach und nach erkennen

gesund kanst du nur durch eine widergeburt werden,

zwischen tot und leben blib mir di wal, **da wälte ich das leben.**

trotzdem es winterszeit war ging ich zum flißenden waßer, warf schnel alle kleider ab, hilt mich an einer wurzel fest und tauchte ganz ein, darach lif ich tüchtig nakkend in luft und wind, o und das gab halt, da rafte der körper alle seine kräfte zusammen und warf di krankheit hinaus; got fürte mich in den sonnenschein, di sonne zog wi ein flaster di krankheit heraus und gab mir neues leben; got speiste mich mit köstlichen früchten und gemüsen, di früchte und gemüse reinigten fleisch und blut, warfen alle schuthaufen hinaus, tau und regen und luft und wind belebten herlich körper und geist, so wurde mein alter kranker körper aufgelöst und ausgeschieden und bekam ich einen neuen körper,

ich wurde fon neuem geboren, so erfaste ich auch mit gläubigem herzen di beste lebenswurzel, **das ist der libe got**, hilt mich fest, immer wider fest an got und tauchte in sein lebenswäßer ein, **das ist di schule des lebens;**

als ich noch als junger bursche ein welmensch war, mich noch ins wüste wirtshausleben mit gotlosem kartenspil stürzte, da lis mir ein junger man sagen

„du must noch ganz anders werden,"

diser junge man nam sich sein kristliches sontagsblat, ging damit auf seinen liblingsplaz den fridhof und fertifte sich dort in das andachtsfolle gö liche sein, und schon bald konte in got abrufen **als eine reife frucht fürs himmelreich,**

ich aber emfand noch einige jare später meine brust als wäre si ein lerer kelch der nach füllung dürstete und ich ante als müste dise lere durch fil prüfungen ausgefült werden, o und dan traten di schwersten prüfungen an mich heran und oft wolte mich das kreuz erdrükken, aber heute ist dise einstige lere angefült, kwilt daraus herfor oft eine fülle fon glük, ja oft scheint es als wäre di brust zu klein um faßen zu können di seligkeit,

ja ich wurde ganz anders, ich ferlis di welt di meine brust ler lis, **wante mich zu got**, auch mein libstes blat wurde das sontagsblat das ich, wen ich es nicht halte, begerte wi di köstlichste speise, **o wi hat es mich stets erkwikt**, und wen ich jezt über den fridhof gehe dan jauchzt meine sele;

o so file haben gefragt wen si auf meinem heim einen grabstein san, „wer den da begraben ligt", dan mus ich inen stets antworten, **dort ligt mein altes schlechtes leben begraben und di inschrift trägt di zile des neuen lebens,**

„got meinem fater wil ich dinen ganz, in zu loben, sein schöpfungswerk zu ferherlichen und der kranken menschheit zu helfen wil ich mich betätigen mit libeskraft, got der mich bis hiher wunderbar fürte wird mich sicher leiten zum zil, got ist und bleibt mein zil, im sei innig dank;

meine sele kniet for gottes tron und bittet inniglich „o liber fater im höchsten himmelstron, las deine gnade walten über alle menschen, alle wesen, das si alle kommen zu dir, das si alle fol werden fon deiner seligkeit, das si sich auflösen in dir du ewige himlische seligkeit, o komme immer mer zu mir, o zi mich an immer mer,

o sei allen menschen, allen wesen

der allerstärkste magnet zur widergeburt,

innig küße ich dich,

arendse in der altmark

sontag den 26, 8, 06.

gustaf nagel.

nummer 13.

dise meine sontagsblätter welche am pfingstsontag 1906 mit nummer 1 beginnen, werden auf wunsch in schon erschinenen und mit gottes hülfe fortlaufend erscheinenden nummern wi gewünscht zugesant, zu adreßiren ist dan „an gustaf nagels sontagsblatfersand in arendse i altmark"

got segne dises blat.

ster schufst, ja, ja, fon diesem lermeister lernte ich nach und nach erkennen

gesund kannst du nur durch eine widergeburt werden, zwischen tot und leben blib mir di wal, da wälte ich das leben.

trotzdem es winterszeit war ging ich zum flißenden waßer, warf schnel alle kleider ab, hilt mich an einer wurzel fest und tauchte ganz ein, danach lif ich tüchtig nakkend in luft und wind, o und das gab halt, da rafte der körper alle seine kräfte zusammen und warf di krankheit hinaus; got fürte mich in den sonnenschein, di sonne zog wie ein flaster di krankheit heraus und gab mir neues leben: got speiste mich mit köstlichen früchten und gemüsen, di früchte und gemüse reinigten fleisch und blut, warfen alle schuthaufen hinaus, tau und regen und luft und wind belebten herlich körper und geist, so wurde mein alter kranker körper aufgelöst und ausgeschieden und bekam ich einen neuen körper.

ich wurde fon neuem geboren, so erfaste ich auch mit gläubigem herzen di beste lebenswurzel, das ist der libe got, hilt mich fest, immer wider fest an got und tauchte in sein lebenswaßer ein, das ist die schule des lebens;

als ich noch als junger bursche ein weltmensch war, mich noch ins wüste wirtshausleben mit gotlosem kartenspil stürzte, da lis mir ein junger man sagen „du mußt noch ganz anders werden,"

diser junge man nam sich sein kristliches sontagsblat, ging damit auf seinen liblingsplaz den fridhof und fertifte sich dort in das andachtsfolle götliche sein und schon bald konte in got abrufen als eine reife frucht fürs himmelreich,

ich aber emfand noch einige jare später meine brust als wäre si ein lerer kelch der nach füllung dürstete und ich ante als müste dise lere durch fil prüfungen ausgefült werden, o und dan traten di schwersten prüfungen an mich heran und oft wolte mich das kreuz erdrükken, aber heute ist dise einstige lere angefült, kwilt daraus herfor oft eine fülle fon glük, ja oft scheint es als wäre di brust zu klein um faßen zu können di seligkeit,

ja ich wurde ganz anders, ich ferlis di welt di meine brust ler lis, wante mich zu got, auch mein libstes blat wurde das sontagsblat das ich, wen ich es nicht hatte, begerte wi di köstlichste speise, o wi hat es mich stets erkwikt, und wen ich jezt über den fridhof ge dan jaugzt meine sele; o so file haben gefragt wen si auf meinem heim einen grabstein san, 'wer den da begraben ligt', dan mus ich inen stets antworten 'dort ligt mein altes schlechtes leben begraben und di inschrift trägt di zile des neuen lebens,'

got meinem fater wil ich dinen ganz, in zu loben, sein schöpfungswerk zu ferherlichen und der kranken menschheit zu helfen wil ich mich betätigen mit libeskraft, got der mich bis hirher wunderbar fürte wird mich sicher leiten zum zil, got ist und bleibt mein zil, im sei innig dank;

meine sele kniet for gottes tron und bittet inniglich 'o liber fater im höchsten himmelstron, las deine gnade walten über alle menschen, das si alle kommen zu dir, das si alle fol werden fon deiner seligkeit, das si sich auflösen in dir du ewige himlische seligkeit, o komme immer mer zu mir, o zi mich an immer mer,

o sei allen menschen, allen wesen der allerstärkste magnet zur widergeburt, innig küße ich dich,

arendse in der altmark

sontag den 26.8.06 gustaf nagel"

Sind diese Schriften noch ganz von christlichen Themen und seiner Naturheilung beherrscht, so

der dank an di deutschen kriger;

2. tausend dank euch deutschen helden,
dank auch den ferbündeten,
euren rum ferkünden welten,
eure taten zündeten
got erhebe euch;

3. ir habt angezündet mächtig
deutschen geistes lodernd feu'r,
hoch di flammen züngeln prächtig,
di begeisterung war eu'r,
got erhalte euch;

4. was luise iren sönen
einst als richtschnur eingeprägt,
half auch euch das leben krönen,
schmach fon einst hat got gerächt,
got stärke euch;

5. eure kräfte habt ir alle
ser entfaltet,– got sei dank,
nimmer euer rum ferhalle,
nochmals ‚habet' tausend dank,
got lon es euch;

6. tausend dank euch tapfern krigern,
rumgekrönt ir widerkert,
wi's gebüret nur den sigern,
deutschland blib uns unserset,
got ere euch;

7. unserset mögt ir einst stehen
wen di jüngst posaun erschal't,
das ir mögt zum friden gehen,
wo der rum euch widerhal't,
got kröne euch;

8. deutsche helden, deutsche siger,
deutsche brüder alzumal,
gottes segen auf euch kriget
freude sei euch one zal,
got sei mit euch;

9. freude nicht nur jezt und weltlich,
freude ewig in dem hern
freude sei euch innig herzlich,
freude gön ich euch so gern,
got behüte euch;

gustaf nagel. arendse, altm.

gegen foreinsendung des betrages nebst fersandkosten
als druks. 10 fennig, dop. brif ferschl. 30 fennig mer.

zu bezihen fom selbstferlag des ferfaßers preis: ,40
daselbst erschin „das faterunser" erklärt . 1,–
„ „ gedicht „di edlen frauen" . ,20

gedrukt fon f. m. geidel, leipzig; g. l. n.

werden der Umfang und die behandelten Themen mit der Zeit immer größer. In seinem 1922 erscheinenden, schon 96 Seiten umfassenden Buch „*der mensch und seine bildung – ein wegweiser aus unsern nöten*“ begann er bereits mit einer ausführlichen Erklärung seiner Schreibweise und einer kurzen Biographie. Es folgten wieder ausführliche christliche Betrachtungen Nagels, und auch politische Fragen versuchte er zu beantworten. Doch nicht diese Kapitel des Buches faszinieren heute den Leser, es sind vielmehr seine Ausführungen zur Naturheilkunde und gesunden fleischlosen Lebensweise. Diese haben wieder eine überraschend hohe Aktualität und finden immer mehr Beachtung im Leben der Menschen heutzutage. Als Beispiel für seine Einstellung zu dieser Frage und zum Vergleich der oben behandelten Ausführungen aus dem Jahre 1906 ein kurzer Auszug aus dem Buch „*der mensch und seine bildung*“ zu diesem Thema;

„*hinweg mit diser heidnischen medizinischen statsforderfront, gebt got und der natur di ere;*

ist den überhaupt solch ein einseitiger mit gezüktem schwert gehandhabter krankenkaßenzwang in einem gebildeten folke berechtigt? nein und abermals nein,

naturheilkundliche aufklärung und gesunde sitten und gebräuche sind nötig, damit jeder möglichst auch sein eigener arzt sein und zur rechten zeit forbeugen kan, den forbeugen ist leichter als heilen, und das folk nicht um jeder kleinigkeit wegen weil föllig in unwißenheit gehalten, zum arzt laufen muß, wo ein feuchter umschlag, ein lemaufschlag, ein klistir oder ein bad schon di heilung folbringen kan;

ebenso ferwerflich ist di strafferfolgung aller nicht sttlich abprobirten heilkundigen, wen jemand troz irer behandlung gestorben ist, ist doch wider den tot kein kraut gewaksen und doch auch kein abprobirter arzt deshalb strafgesezlich ferfolgt wird; genügt dem kranken di behandlungsweise seines arztes oder heilkundigen nicht, nun so mag er sich an einen anderen wenden; fon einem heilkundigen aber ferlangen zu wollen das er auch noch di heilmittel einer entgegen gesezten heilsanschauung, di sich nicht mit seinem ideal ferträgt oder gegen seine gewißenhafte überzeugung ist, anwenden zu müßen, hiße karakterlose heilkünstler heranbilden wollen;

di heilkunde mus ebenso wi di kirche fom state abgetrent werden und jede irer besonderen art mus der andern gegenüber gleiche rechte beanspruchen dürfen, dem freien willen eines jeden dinen zu können, und ist dan eine heilkunde und ir fertreter wirklich emfelenswert, so brauchen sie weder zuhälter noch beformundende statsgewalt, dan sind ire erfolge auch ire besten emfelungen;

was so nun di ärztliche bildungsstufe betrift, so mus ich an jenes kind denken welches eine trommel geschenkt erhalten hatte und nun mit dem meßer in den resonanzboden der trommel eindringt, um fergeblich zu ergründen woher der schal komt;

und mus ich mit grauen an di zum medizinischen studium angewanten wisenschaftlichen tirfersuche (fifisieksjon) denken, wofon man den ärzten und studenten folgende entsezliche tirkwälereien nachsagt, di beim studium der naturgemäßen krankheitsbehandlung fortfallen, wozu auch nicht mer der umfangreiche handel mit leichnamen erforderlich ist;“

In diesen Zusammenhang paßt eine Meldung aus dem *Arendseer Wochenblatt* vom 31. Oktober 1916, die anschaulich zeigt, daß Gustav Nagel tatsächlich seine Ideale konsequent lebt. Unter der Überschrift „*Wider das Gesetz*“ ist zu lesen: „*Zwangsmaßregeln mußten vorige Woche gegen gustaf nagel angewendet werden, weil er sich fortgesetzt geweigert hat, seinen jetzt 4jährigen Sohn impfen zu lassen. Am Donnerstag war nun die Impfung endgültig angeordnet worden. Herr Nagel und Frau waren aber nicht zu bewegen, das Kind zur Impfung zu stellen. Die beiden entsandten Beam-*

ten führten deshalb den Impfgegner Nagel ins Gefängnis und das Söhnchen zum Arzt. Letzteres wurde sogar liebevoll auf dem Arm- hin- und zurückgetragen, da weder seine Schuhe noch Pantoffeln aufzutreiben waren. Nach etwa einer Stunde war die Familie wieder in ihrem Heim am See vereinigt."

Viele Schriften Gustav Nagels enthalten Gedichte, die häufig in deutsch- patriotischer oder in romantischer Form geschrieben sind. Sein wohl gelungenstes Werk ist der 1924 veröffentlichte Gedichtband der „*morgengrus*", ein Buch mit heimatverbundenen und oft romantischen Gedichten, die auch heute noch ihre Leser finden würden. Der Arendseer Maler und Heimatfreund Fritz Gentsch führte für das Buch einige Illustrationen aus.

Hier zwei dieser Gedichte aus dem „*morgengrus*" zum Kennenlernen und Wiederentdecken.

zwei weiße täubchen

zwei weiße täubchen sah ich innig
sich schnäbeln auf dem dach,
das war so schön und auch so sinnig,
di welt ir brautgemach:
sa eine weiße säule stehen
so zwischen beiden dan,
möcht so auch euch wohl glücklich sehen,
wol dem der liben kan:
wie eine säule trägt die libe
den ganzen lebensbau,
got segnet ire heilgen tribe,
macht iren himmel blau.

übern berg mit schönen buchen

übern berg mit schönen buchen
stig ich heut fol wanderslust
waldessänger libchen suchen,
sensucht fült auch meine brust,

weit im schönsten sonnenscheine
breitet sich for mir das tal,
mutterboden, weich so reine
überschreit ich - halt ein mal
hoch auf bergesrükken ziren
schöne klippen dises bild,
lerchen jubelnd sich ferliren,
wer reicht mir der libe schild?

süßer duft mich warm umkoset,
schönstes weserbild mich grüßt,
götter, di irs glük ferloset,
denkt an mich, wen libe küst;

am schönen arendse

du himlisch süßer libesreigen
in schönster blütenpracht,
wo unschuldsfolle herzen zeigen
was got der her folbracht;

erblüst in gärten und auf straßen
am schönen arendse,
o könt ich dises bild umfaßen,
kein leid der pracht gesche;

der apfelbaum, schloweis die krone,
der kirschbaum märchenhaft,
der birnbaum reizt, nur nicht schone
der flider blüt, es treibt der saft;

es heimeln mich di grünen hekken
so schmeichelnd kosend an,
wie wird der herbst den tisch uns dekken,
wol dem der ernten kann;

wi wird die töbelmanstraße prangen
im reichen fruchtbehang.
wer so durch si zum wald gegangen,
ging seinen schönsten gang;

blü weiter auf in gartenstraßen
am grünen hekkenzaun,
mein arendse dein glük zu faßen
da ste ich stil und staun;
da werden staunen die dich sehen
zur schönen sommerszeit,
die kranken lernen wider gehen,
genißen herlichkeit;

2. Der Komponist und Liedermacher

Hatte er als Poet wirklich künstlerisches Talent, so ist Gustav Nagel in seinem „Beruf" als Komponist und Liederschöpfer nur durchschnittlich begabt.

gustaf nagel spielte gern Gästen am Harmonium im Garten Eden selbstkomponierte Lieder vor

Auch hier trifft zu, daß seine Lieder nur von ihm gespielt wurden, obwohl er besonders der Kirche oft seine Liedschöpfungen für den Gottesdienst angeboten hat. In Arendsee werden Lieder von Gustav Nagel zu den Nagel-Tagen wieder gespielt, doch war die Meinung der Gäste und der anwesenden Fachleute zu diesen vier- bis fünfstimmigen Werken kritisch. Seine Melodien wurden als musikalisch zu eintönig und schwach angesehen. Da er oft zuerst die Gedichte schrieb und sie dann vertonte, ist anzunehmen, daß Nagel mehr Wert auf die Texte als auf die Melodien legte. Anfang der 30er Jahre sollte nach zahlreichen vergeblichen Versuchen Nagels eines seiner Lieder für den Kirchendienst zugelassen werden. Der Arendseer Pfarrer und auch einige vorgesetzte Stellen stimmten dem Antrag zu, jedoch wurde das Lied nach einigem Hin und Her doch noch abgelehnt.

Nach Ausagen vieler älterer Arendseer war er jedoch ein sehr guter Musiker. An seine Trompetenkonzerte am Arendsee erinnern sich noch viele sehr gern und voller Lob. Besonders sein sonntägliches *„Ich bete an die Macht der Liebe"* ist noch immer im Gedächtnis vieler.

Wie er zur Musik und zum Gesang kam, beschrieb Nagel im Buch *„der mensch und seine bildung"* wie folgt: *„schon als knabe wolte ich immer gerne singen und spilen, aber es felte mir di ausbildung dazu; nun wolte ein gesangferein bei meinem fater seine singstunden abhalten, da musten wir ein klawir kaufen und da solte ich nun klawirspilen lernen; da mir als dem ferwönten jüngsten kinde aber der lerer zu strenge war, ging ich nach 4 stunden nicht wider hin, hat er noch gesagt, nun habe ich mal wider einen schüler der gut begreifen kan, und nun* *bleibt er mir gleich wider fort; da ich als knabe di gesangfereinsstunden bedinen muste, so beobachtete ich immer ser intreßirt di gesangsübungen der einzelnen sänger mit iren gewonheiten, wobei der gesangslerer zu den neu eintretenden mitglidern immer ganz richtig sagte, wer noch nicht singen kan, der muß singen lernen;*"

und ein paar Seiten weiter „... *wen ein junger bekanter lerer zum spilen zu uns kam, dan schrib mein fater auf einen zettel 'piano' und legte in aufs klawir, der junge lerer wuste nämlich noch nicht, das jedes instrument ein zart beseitetes himliches wesen ist, dachte immer noch, es wär nur aus rohem eisen, holz und drat gefertigt und hib darauf los als gälts korn auszudreschen; ja di schultechnik raubt dem lernenden spiler wi auch dem sänger leider nur zu oft das herzinnige künstlergefül, ferleit doch erst di künstlerische inbrünstige herzinnigkeit dem singen und spilen den himlisch bezaubernden klang;*

hast du also nicht inbrünstige libe zu deinem instrument, las di hand dafon; wäle nur das instrument für dich, welches du wi deine herzensbraut lib hast; liber eins ordentlich spilen, als file nur mangelhaft;"

Diesen Ratschlag befolgte Gustav Nagel und spielte neben Harmonium und Klavier nur noch Trompete, aber alles sehr gut. Dies ist wahrscheinlich auch ein Verdienst seiner zweiten Frau, die in den ersten Jahren ihrer Ehe sicherlich auch Gustav Klavierunterricht gegeben hat.

In den zwanziger Jahren gehörte ein zwanzig Lieder umfassendes Liederprogramm zu seinen Vorträgen. Die Texte dieser Lieder sind erhalten geblieben. Es verwundert, daß Nagel im Dritten Reich gerade wegen dieses Liederprogrammes erhebliche Schwierigkeiten erhielt. Als Beispiel hier die erste Strophe des 10. Liedes aus dem Programm.

Liedkomposition „Seid einig brüder" von gustaf nagel

schwarz-weis-rot, das banner hoch,
mit dem goldenen kreuz von golgata
unserm siegeszeichen.
got mit uns, herr jesu krist,
ist dan einigkeit auch da.
muß der feind uns weichen.
jesus bricht uns ban, hilft noch,
deutscher krist o glaub di's doch,
kom mit als guter kamerad.

Auf seinen beliebten Porträtkarten und in seinen Büchern finden sich immer wieder Lobeshymnen auf sein geliebtes Arendsee, die einen ganz anderen, romantischen Liederschöpfer Gustav Nagel zeigen. Auf einer seit 1939 von ihm verkauften Karte steht folgendes Lied:

arendse, du bist eine perle;
eigene melodi

arendse, du bist eine perle,
stralst wider uns des himmels pracht;
wald und se, wi hab ich euch so gerne,
habt schöpfung wunderfol gebracht;
könt ich das auch, wärs so gebrauch,
wi di rosen und di blün,
und di gärtner edle früchte zin,
heimat, du wärst das paradis;

Den Titel „*Liederschöpfer*" legte sich Nagel bereits Anfang der 20er Jahre zu, und überraschender Weise schrieb er ab 1948 dafür „*Liedermacher*". Er kann daher durchaus das Recht für sich beanspruchen, einer der ersten Liedermacher und Erfinder dieser Bezeichnung zu sein.

3. Die Muse

So wenig seine Art von Kunst auf andere moderne Künstler wirkte und sie anregte, umso mehr war Gustav Nagel zur Jahrhundertwende als Sinnbild für ein freies Wanderleben inspirierend für andere Künstler. Besonders bei Diefenbach auf Capri 1903 war er ein sehr gefragtes Model und stand hier unter anderen dem Kunstmaler Ernst Vollbehr (1876-1960) Modell. Vollbehr war später Professor für Kunst und wurde besonders als „Kriegsmaler" bekannt. Auch der bekannte Berliner Künstler Hans Baluschek, der unter anderem Leiter der Berliner Kunstausstellungen war, hat ihn gezeichnet. Der Jugendstilmaler Fidus, der mit richtigem Namen Hugo Höppner heißt und zu den Schülern Karl Wilhelm Diefenbachs zählte, hat ihn trotz mehrerer Treffen nicht gemalt, ebenso der „Übervater" Diefenbach. Ob sie kein Interesse hatten oder ihnen einfach das Motiv des Wanderpredigers und Naturmenschen nicht exotisch genug war, ist heute nicht mehr zu klären. Es ist jedoch letzteres anzunehmen, da sie selbst beide der Lebensreformbewegung angehörten und zu deren bedeutendsten Vertretern zählten.

In die Literatur der Jahrhundertwende ging Gustav Nagel als Motiv oder Muse ein. Unter anderen wird er in Werken von Kurt Tucholski und Kurt Weil erwähnt. Doch besonders hat er wohl auf den späteren norwegischen Nobelpreisträger Knut Hamsun (1859-1952) ausgestrahlt, denn die Hauptperson seines Romans „*Mysterien*" ist ein sehr eigenwilliger Sonderling namens Johan Nils Nagel. Ist dies nur Zufall oder von Knut Hamsum gewollt, darüber kann ähnlich wie bei der Vorbildwirkung von Gustav Arthur Gräser in Hermann Hesses Roman „*Demian*" nur spekuliert werden. Gegen die Annahme, daß Gustav Nagels das Vorbild für die literarische Person Johan Nils Nagel war, spricht der Zeitpunkt, an dem der Roman entstand. Die Erstausgabe erschien bereits im September 1892 bei Philipsen in Kopenhagen. Sie wurde 1908 vom Autor nochmals überarbeitet. 1892 war der richtige Nagel gerade im Begriff, bekannt zu werden. Er tauchte jedoch schon mit ersten Abbildungen in norddeutschen Zeitungen auf. Da Knut Hamsun bekanntermaßen ein großer Freund und Verehrer Deutschlands war und auch deutsche Tageszeitungen gelesen hat, liegt es nahe, daß er so etwas über unseren Naturmenschen Nagel erfahren hat. Er muß sehr fasziniert von ihm gewesen sein, obwohl beide wohl nie persönlich bekannt wurden. Hamsuns Nagel hat auffallend viele Ähnlichkeit mit Gustav Nagel, er ist auch ein Sonderling im Ort, Vegetarier und vom naturhaften Leben angetan. Ohne Zweifel hat sich der Dichter seine literarische Freiheit gelassen und, wie Hamsun-Experte Walter Baumgarten schreibt, einen Großteil autobiographisches Gedankengut in Johan Nils Nagel gesteckt.

Kurz zum Inhalt: Johan Nagel, ein neunundzwanzigjähriger Mann, der sich selber als Ausländer des Daseins, Gottes fixe Idee, nennt, kommt in eine kleine norwegische Hafenstadt. Dort weckt er die Neugierde der Bewohner und verblüfft, irritiert und brüskiert sie mit seinen seltsamen Einfällen und seinen phantastischen Erzählungen. Zu seinen Eigentümlichkeiten gehört, daß er einen aufsehenerregenden grellgelben Anzug trägt, ständig ein Giftfläschchen mit sich führt und vom Nachbarort aus Telegramme an sich selbst schickt. Nagel verliebt sich in die hübsche junge Pfarrerstochter Dagny Kielland, die bereits verlobt ist. Gleichzeitig wirbt er um die viel ältere, scheue Martha Gude. Beide können sich dem Bann und der magischen Anziehungskraft seiner Persönlichkeit nicht entziehen, weisen ihn aber ab. Nach einem ersten erfolglosen Selbstmordversuch stürzt sich Johan Nagel schließlich ins Meer.

Knut Hamsun beschreibt im Roman (es liegt mir die Ausgabe vom August 1997 des dtv vor, d.A.) seinen Nagel so: *„Es tauchte ein Fremder in der Stadt auf, ein gewisser Nagel, ein merkwürdiger und eigentümlicher Scharlatan, der eine Menge auffälliger Dinge tat und ebenso plötzlich wieder verschwand, wie er gekommen war ... Er war von unterdurchschnittlicher Größe und hatte ein gebräuntes Gesicht mit einem merkwürdig dunklen Blick und einem feinen, femininen Mund. An einem Finger trug er einen einfachen Ring aus Blei oder Eisen. Er war sehr breit in den Schultern und mochte achtundzwanzig oder dreißig Jahre alt sein.*“

Alles dies wiederum trifft nicht auf Gustav Nagel zu. Walter Baumgartner schreibt in seinen Anmerkungen zur Übersetzung: „Johan Nils Nagel trägt knallgelbe Anzüge, führt stets Gift und einen Geigenkasten mit sich, liebt eine Frau und wirbt um eine andere. Sein Dasein ist ein Protest wider den Alltag, sein Ende ein Mysterium.“

Die Ähnlichkeiten in den Handlungen Johan Nagels zu Gustav Nagel sind oft sehr verblüffend, können jedoch auch daher kommen, daß auch Hamsun selbst diese Auffassungen vertritt. Es wäre hier ein interessantes Feld für die Literaturforscher, diesen Zusammenhang näher zu untersuchen und festzustellen, wie stark Gustav Nagel den Autor Knut Hamsun inspiriert hat.

Auch nach seinem Tode beeinflußten die Person Gustav Nagel und seine eigenwilligen Bauten am Arendsee die einheimischen Künstler. Natürlich waren es, bedingt durch das politische System vor 1989, nur wenige, die sich mit Gustav Nagel beschäftigten, stellvertretend sei hier nur das Buch *„Lieber Kupferstecher Merian“* von Johanna und Günter Braun genannt, das in der Reihe Edition Neue Texte des Aufbau-Verlag Berlin und Weimar 1974 erschien. Es enthält ein schönes Kapitel über den Wanderprediger und fand eine relativ weite Verbreitung in der DDR.

Besonders nach der Wende wurde Gustav Nagel in mehreren Heimatbüchern erwähnt, die jedoch nur eine sehr spezielle Betrachtung Nagels in Bezug auf sein Wirken beinhalten. Genannt sei hier Axel Kahrs *„Dichter Reisen“* und Klaus Fesche *„Auf zum Steinhuder Meer!“* Weitere Veröffentlichungen sind im Literaturverzeichnis im Anhang nachzulesen.

In der Spielzeit 1997/98 spielte das Brandenburger Theater das Schauspiel mit Musik in drei Akten *„Fritze*

Bollmann – Barbier von Brandenburg“ von Jörg Michael Koerbl auf. Regie führte Renate Breitung. In diesem mit großem Erfolg aufgeführten Volksstück kommt in einer Nebenrolle auch die Figur eines gerüchteumwitterten und mysteriösen Gustav Nagel vor.

Besonders gern wurden nach der Wende der Arendseer Naturmensch und seine Bauten als Motiv für Heimatmaler genommen. So brachte bereits 1989 Iris Jerratsch einige Zeichnungen mit Nagelmotiven heraus, und der Meseberger Heimatmaler Günter Lüders stellte in Arendsee bereits mehrere Aquarelle mit Nagelmotiven aus, die einen guten Absatz fanden. Alle Künstler, die sich bisher nach seinem Tode mit den Wanderprediger und seinen Garten Eden auseinandersetzten, haben bislang nur einen regionalen Bekanntheitsgrad und Bedeutung.

Zum Abschluß dieses Kapitels sei hier ein Gedicht des bekannten altmärkischen Mundartdichter Fritz Hagen veröffentlicht, das er 1990 in Arendsee erstmals vortrug:

Gustav Nagel

Dat weer een Mann mit Namen Nagel,
dat weer een ganz ‘n dullen „Vagel“. –
He makt alleen sein Politik,
un Aornsee wurd’ davon bald riek. –
De Lüd, de käm’ an in ‘n Schar’n,
besochten emm in sein Gar’n.
He blaaste sick dat Muulwerk wund,
un weer bekannt wie’n „bunter Hund“
Nu weer ja düsse Gustav Nagel
auk noch dato een „Watervagel“
bi Sommerhitt un Ies un Schnee.
Wat Kneip mit Water all’s kuriert,
dat hätt auk Nagel utprobiert.
Doch eenmal ha he’n grot Malör,
he döpte in den See sein Gör,
un hätt dat bäten dull woll drewen;
dat Gör dat hauchte ut sein Lewen.
Un dänn weer düsse Gustav Nagel
auk noch dato een „Wandervagel“;
dorch Dütschland ströpt he krüz un quer,
leet sick dänn schippern öwer d’ Meer
un känn as Christ un Wanndersmann
toletzt in Palästina an. –
Hier packte emm dat dulle Weh
na’ sein schön Aornsee.
So käm he dänn auk bald torügg.
Mit Frunslüd ha he weinig Glück,
makt sein Geschäft mit Ansichtskoorten
He ha sein Garn vör jeden apen
un makte mit sein Redensarten
de Minschen ganz un goor besapen.

10

Gustav Nagel als religiöse Persönlichkeit

Eine kritische Würdigung[1]

Von Dr. Reinhard Simon –
Pfarrer in Arendsee

I.

Gustav Nagel gehört zu den bekanntesten Gestalten der Altmark im 20. Jahrhundert und ist gewiß von ihnen die seltsamste. Helmut Obst, der Kenner religiöser Szenen und Sekten an der Universität Halle, schrieb über ihn: „*Gustav Nagel war seit der Jahrhundertwende bis zum Beginn der 30er Jahre durch sein Auftreten und seine kultur- und lebensreformerischen Bestrebungen einer der bekanntesten religiösen Wanderprediger Deutschlands. Er gehört zweifellos zu den bedeutendsten utopischen Pionieren alternativer religiöser Erneuerungsbewegungen.*“ Das ist ein pointiertes Urteil.

Das Glaubensbekenntnis gustaf nagels, um 1900

Ich möchte im Folgenden Grundzüge der religiösen Persönlichkeit Gustav Nagels skizzieren und stütze mich dabei auf das unveröffentlichte Aktenmaterial im Arendseer Pfarramt. Dabei wird sich das eben wiedergegebene Urteil teilweise relativieren. Die Skizze kann freilich nur der Anfang zu einer umfassenden Darstellung im Rahmen der Zeitgeschichte sein.[2]

Es ist auf den ersten Blick aus verschiedenen Gründen nicht ganz einfach, Gustav Nagels religiöse Persönlichkeit einer kritischen Würdigung zu unterziehen. Dennoch ist es eine interessante Aufgabe. Denn in einem werden sich alle, die auch nur wenige Texte von ihm gelesen haben, einig sein: daß er sich als Christ verstanden hat. Das zeigt mit penetranter Genauigkeit jede Briefunterschrift: „*got befolen. gustaf nagel. wanderprediger und tempelwächter fon gottes gnaden*“ (so und ähnlich immer wieder). Und wahrscheinlich kann man sich über ihn kein hinreichendes Bild machen, wenn man ihn nicht als eine religiöse Persönlichkeit versteht. Mehrere Aspekte können für eine Untersuchung, wie sie hier skizziert wird, leitend sein:

1. Wenn man Gustav Nagel als eine religiöse Persönlichkeit zu erfassen sucht, wirft dies die Frage auf, ob sein Auftreten, sein „Styling“, als adäquate Ausprägung eines christlichen Lebens verstanden werden muß und ob

dabei auch alle seine exzentrischen Seiten dazu zu rechnen sind bzw. welchen Quellen sie sonst zuzuordnen sind. Verkörpert Gustav Nagel mit seiner Art, sich zu kleiden und zu geben, ein urtümliches Christentum, womöglich in größerer Reinheit, als es sonst in der Kirche zu finden ist? Immerhin wurde bereits zu seinen Lebzeiten ernsthaft darüber gestritten, ob sein Anspruch prophetisch verstanden werden muß oder Anzeichen einer Geisteskrankheit sei. Dazu wurde sogar einmal ein theologisches Gutachten eingeholt[3]. Mancher mag den Reiz an der Gestalt Gustav Nagel vielleicht gerade darin finden, daß in ihm ein gewissermaßen wahrhaftigeres Leben entgegentritt, das dem von der Natur entfremdeten Menschensein bereits zu Beginn des Industriezeitalters eine Alternative vor Augen stellt. Das „grüne" Thema, von Gustav Nagel ganz und gar romantisch und lebensreformerisch aufgefaßt, ist seit seinen Anfängen ja noch viel bedeutender geworden. Dann wäre die Frage nach seinen religiösen Motiven eine spannende Frage.

2. Ein weiteres interessantes Feld stellen Nagels Beziehungen zu seiner Arendseer Kirchengemeinde dar, mit der er sich, solange seine Wurzeln in Arendsee waren, eng verbunden wußte, und zu Pastor Kannicht, der in Arendsee von 1929 bis 1987 wirkte und lebte. Die Lieder z.B., die Gustav Nagel auf Postkarten vertrieb, gehören in den Zusammenhang zahlreicher Gesänge, die für den Arendseer Kirchenchor geschrieben wurden. Auch wenn nicht ein einziges davon aufgeführt wurde, so hat Nagel doch unverdrossen Opus um Opus aufs Papier gebracht und in immer demselben Gleichmut Pastor Kannicht übergeben mit den Worten: *„das wär doch was für den kirchenkor"*; manchmal folgen dann Angaben zur Ausführung. Und die Briefe an Kannicht reißen auch dann nicht ab, als er 1950 als Patient (vielleicht auch als politischer Querkopf) in die psychiatrische Klinik Uchtspringe eingewiesen wird. In dieser Zeit enthalten sie fast ausschließlich geistliche Gedichte! Man gewinnt den Eindruck, daß sein Pastor einer der wenigen gewesen ist, die ihm auf Dauer zuhörten, einer, der ihn in seiner Eigenschaft als Seelsorger ernst nahm; und Nagel hielt ihm eine große Treue, obwohl er doch wußte, daß Kannicht mit seinen Vorstellungen und seiner Lebensweise ganz und gar nicht einverstanden war.

Wir werden die aufgeworfenen Fragen zu beantworten suchen, indem wir einige Texte Gustav Nagels exemplarisch interpretieren. Dieses Vorgehen scheint geeignet, um eine „kritische Würdigung" zum Ziel zu führen, in der er selbst zu Wort kommt, aber auch historisch und im Blick auf sein Christsein eingeschätzt werden kann.

II.

Als Nagels Schriftwechsel Ende der zwanziger Jahre im Arendseer Pfarrarchiv erstmals aktenkundig wird, hat der Dreißigjährige bereits längst seine volle persönliche Prägung. Seine Kontakte zu Pfarrer Kneipp in Wörishofen und seine Pilgerreise nach Jerusalem im Jahre 1903 liegen bereits 25 Jahre und mehr zurück.

Wir beginnen mit einem geistigen Lied, das wohl aus den 30er Jahren stammt und wie kein anderer Text das eine Thema und die eine Intention Nagels trifft, die ihn all die Jahre hindurch immer wieder beschäftigt und inspiriert hat. Hier führt das Bibelwort die Hand des Liedermachers, vielleicht Indiz für einen relativ frühen Text, da sonst fast ausschließlich Choraldichtungen vorhanden sind, in denen er vielfach evangelische Kirchenlieder nachmacht und Stücke aus ihnen zitiert[4].

„wen ich mit menschen-
und mit engelszungen redete,
und hätte der libe nicht,
so wäre ich nichts,
drum folge ich jesu befel:
das gebite ich euch,
das ir euch untereinander liebt, wie ich euch habe gelibt,
ewigkeiswert zu bekommen;

die libe ist das höchste glük,
die harmoni der erde,
zum erwürdigen geschik,
zum selig werden;
ich libe got, bis in den tot,
jesum kristum;
ich libe die natur,
such paradises spur,
ich lib mein deutsches faterland, und
wer mir dazu reicht die hand;
ich libe weib und kind, und die ge-
schwister sind, lib fater und mutter,
lib freund unfeind, den nächsten wi
mich selbst,
so bleibt mein herz,
mein herz ganz rein,
so bleibt mein herz, mein herz, ganz
rein, ganz rein;" (o. Datum)[5]

gustaf nagels Urwort ist „*Liebe*". So kann man diesen Text als ein Liebesbekenntnis auffassen, wie er es in einer großen Schlichtheit, ja, Einfältigkeit ausgesprochen hat. Er hat immer den Einklang gesucht: zwischen Menschen und Gott, zwischen Gott und der Natur, zwischen Mensch und Natur.

Der Anfang des Liedes ist berühmtes Zitat aus dem 13. Kapitel des Ersten Korintherbriefes des Apostels Paulus, mit dem ein wirklich großartiges Kapitel über die Liebe in der Bibel beginnt. Gustav Nagel bedient sich dieser Worte, wohl um auszudrücken: Ich liebe, ich bin nicht nichts, das ist mein Leben, und das verdanke ich Gott. Hinter diesen Ausdrücken scheint mir so etwas wie eine Ur-Intuition zu stehen, die ein Schlüssel zu Nagels Persönlichkeit sein kann.

Wenn ich ihn richtig verstehe, müßte nur, so Nagel, in allen Menschen diese göttlich-natürliche Liebe entfaltet werden – auch und grade

durch „natürliche lebensweise“, dann wäre das die Erlösung der Welt. Und dann wäre Christus als Mensch geboren, um dafür den Grund zu legen.

Gustav Nagel hat noch am 22. Dezember 1949, neun Monate nach der gescheiterten Königskrönung, die er in Arendsee zu inszenieren gedachte, und wenige Monate vor seiner Einweisung nach Uchtspringe, einen Text geschrieben, den er sich wohl zur Verlesung am Heiligabend in der Kirche vorstellte. Die Worte kreisen um den Gedanken eines „*solidaritätsemfindens*“. Mit diesem Wort, das er offenbar in der Alltagssprache neu entdeckte, wollte Nagel wohl präzisieren, was er unter christlicher Liebe versteht:

„arendse alm. 22.12.49

eine fridensbotschaft fon got, zu händen unsrer kristlichen kirche zur forlesung gegeben:

solidaritätsemfinden fordert jetzt der libe got von iedem menschen... damit mus jeder mensch auch den anderen menschen leben lassen wi er es zuseinem gesunden wolbefinden und zur ere gottes für richtigerkant hat, seine Eigenart zu flegen und ordnen zu können wi got es will im namen jesus kristus, erlich und braw und sitlich das leben zu erfüllen und er keinem etwas zu leide tut, ein gotmensch werden und sein zu können; der man mit folbart und halblangem haupthar, gerade wugses mit starker tatkräftiger schöner brust, die frau mit ganz langem haupthar, graden wugses mit liblich schönem stilfähigem busen; beide so in libe und kameradschaft und freundschaft zur heiligen ehe ferbunden... die heilige familie, als di lebenszelle des states darzustellen haben, deutschland als unser libes faterland über alles liben wollen in der welt; sich so alle deutschen mit interessengemeinschaft als zusammen gehörend kameradschaftlich und freunschaftlich di hand zu reichen haben; ebenso auch alle anderen folksstaten in ihrem faterlande solidaritätsemfinden zu flegen und zum ausdruk zu bringen haben, wie got es will; insgesamt das reich gottes auf erden mit jesus kristus gründlich zu bauen, zur ehre gottes und zum friden auf erden, den menschen ein wolgefallen ...,“

Mit diesen letzten Worten sind wir wieder beim Weihnachtsfest, bei dem, was die Engel nach dem Lukasevangelium der Bibel bei der Geburt des Christkindes verkündeten. Es charakterisiert Nagels Persönlichkeit, daß er solche „Botschaften“ mit den christlichen Festen, namentlich dem Weihnachtsfest, verbunden hat. Immer wieder begegnen uns in Gustav Nagels Texten solche Zusammenfassungen seiner Intention[6]. Im Anknüpfen an das Weihnachtsfest spiegelt sich nicht nur das Gewicht des Festes in unserer Tradition wider. Mir scheint vielmehr, daß der für Nagel wesentliche Impuls des Einklanges zwischen Gott und Mensch hier seine Quelle hat. Der Frieden zwischen Gott und Mensch, der in der Geburt Jesu, des Christkindes, gefeiert wird, macht den Frieden zwischen Menschen möglich, weil – so könnte man sagen – der größtmögliche Gegensatz, der zwischen Gott und Mensch, versöhnt ist. Gustav Nagel hat es nicht so theoretisch formuliert, sondern eher das Empfinden der „*harmoni*“ zum Ausdruck gebracht, die er im tiefsten Sinn des Weihnachtsfestes fand. Und dann war er daran interessiert, seinen Gedanken in einen Ausdruck des modernen Sprachgebrauchs zu kleiden. So griff er das Wort „*solidaritätsemfinden*“ auf. Damit konnte er zeigen, wie die Liebe, die von Gott kommt, jeden Lebensbereich zu erfassen vermag.

III.

Gustav Nagel sieht sich, wie er es in dem oben (unter II.) zitierten Gedicht ausdrückt, in völliger Übereinstimmung mit Gott: „*darum folge ich jesu befel: das gebite ich euch, das ir euch untereinander libet, wie ich euch habe gelibt.*“ Dies bekennt er z.B. in einem Gedicht „*mein allerhöchstes*“, wahrscheinlich ebenfalls aus dem Jahre 1949, gegenüber „*unserem neuen schulleiter, als er mir erklärt hatte, das er ausgesprochener markzist sei*“.

Dieses Empfinden ungebrochener Übereinstimmung mit Gott zeigt sich auch, wenn er sagt: „*Das hat mir Gott gezeigt*“, „*das hat er mir gesagt*“. Viele Handlungen rechtfertigt er damit, so daß man manchmal den Eindruck gewinnt, es lägen gar nicht immer Visionen oder ähnliches vor, sondern es handle sich einfach um einen Schematismus, wie er sich auszudrücken pflegt. Dieses Empfinden völliger Übereinstimmung mit Gott läßt ihn jedenfalls so unverdrossen erscheinen in all den Jahren der Rückschläge, des Spotts, der Entbehrungen, persönlichen Niederlagen und politischer Verfolgungen. Das ist oft nicht verstanden worden, und vielleicht war das mit ein Grund, ihn für geisteskrank zu erklären.

Diese Unverdrossenheit ist schon erstaunlich, ihre Kehrseite ist freilich ein Selbstbewußtsein, ja, ein ausgeprägtes Sendungsbewußtsein, das ihn daran hinderte, kritisch über sich selbst zu denken. Gerade die Fähigkeit zur Selbstkritik steht in der Gefahr, ausgeschaltet zu werden, wenn sich jemand immerfort auf Gott beruft. Demgegenüber enthält gerade die Bibel die deutlichsten Impulse zur Selbstkritik des Menschen. Diese Seite ist in den Niederschriften Nagels, die ich kenne, jedenfalls bemerkenswert unterentwickelt. Dafür steht u.a. ein kurzer Brief seiner Frau Eleonore Nagel an Pastor Kannicht. „*vielen Dank für das gute Ehebüchlein*“ schreibt sie, „*meinem Manne habe ich es gleich zum Lesen gegeben. Wie gewöhnlich hat er sich nur die Stellen herausgesucht, die ihm passen.*“

Wer Gustav Nagels Beziehung zu Frauen kennt, wird diesen Satz einzuordnen wissen. Wie dies zusammengeht mit dem Vers: „*lib freun und feind, den nächsten wi mich selbst*“, ist kaum nachvollziehbar. Hier geht dann weiter eine unkritische Frauenliebe einher mit einem Frauenbild, das in seiner romantischen Naivität eine Frauenfeindlichkeit enthält, von der Nagel aber offenbar nicht einmal etwas geahnt hat[7].

Gustav Nagels Christsein ist in dieser Hinsicht, wie schon Pastor Kannicht 1936 urteilt, „doch eine sehr zweifelhafte Sache und zwar nicht nur in Bezug auf seine Visionen, durch die er mit den Propheten und Paulus in einer Linie zu stehen meint, sondern auch in Bezug auf seine Ethik.“[8]

Auch wenn sein Äußeres ganz dem romantischen Vorstellungsbild von Jesus entspricht – ganz deutlich ist die Adaption des Thorwaldsenschen „Segnenden Christus“, der am Beginn des Jahrhunderts vielfach kopiert wurde –, entspricht sein Denken und Handeln nicht einfach der Reingestalt des Christseins in seiner ursprünglichen Intention.

Ich meine damit freilich nicht, daß das Christsein nur in der bei uns beheimateten bürgerlichen Gestalt vorkommen darf. Die Radikalität christlicher Liebe wird jedoch weiterhin andere Ausdrucksformen suchen, als wir sie bei Gustav Nagel finden.

IV.

Kommen wir zum politischen Christsein. Gustav Nagel hat sich auch als politischer Mensch verstanden. Fehlentwicklungen in der Gesellschaft hat er immer als Folge schwindenden christlichen Glaubens angesehen, und vielleicht geht er damit gar nicht einmal fehl. Zu Pfingsten 1934, also ein Vierteljahr nach der Wahl Hitlers, spricht er in einem Flugblatt auf den schon deutlich erkennbaren Antisemitismus an, der nach seiner Ansicht auch ein Angriff auf Jesus Christus bedeutet, weil Jesus bekanntlich Jude war.

„es ist eine unumstösliche tatsache, das jesus kristus den juden als ir meßias fon got durch den profeten jesaias ferheißen und fon der jungfrau maria als ein jude geboren wurde...

ehe dem deutschen folke, wen es jesus kristus beiseite setzen will, weil er ein jude war, wir werden dan ebenso wi die juden ein fon got ferfluchtes folk werden; z.bsp. ich sa 4 jare forher den weltkrig kommen ... so habe ich auch das widerkommen des weltkriges geschaut . .

so gewis nun, wie ich im lezten weltkrig in sicherheit blieb ... so gewis wird das deutsche folk im nächsten weltkrig ausgerottet werden, wen es jesus kristus, weil er ein jude war, mit seinem kreuzeszeichen beiseite setzen wird, weil die ankündigung des nächsten weltkriges dis forhergesagt hat;...

diese aufrüstung der andern fölker und dis beiseiteschiben wollen jesu kristi bei uns, weiler ein jude war, zeugt dafon, das weder das deutsche folk noch die andernfölker di botschaft von jesus kristus ernstlich aufnemen wollen; sie wollen sich liber der gefar aussetzen, das si sich wider gegenseitig aufs grausamste zerfleichen und umbringen und wollen liber dem hunger und der pest anheimfallen, als die heilsbotschaft fon jesus kristus aufzunemen und sein fridensreich zu ferwirklichen;" (1934)

Dieser apologetische Text kann einige in der damaligen Zeit weit verbreitete Vorurteile gegenüber dem Judentum nicht verbergen. Wenn er die Juden ein „*fon got ferfluchtes folk*" nennt, ist dies freilich nicht politisch zu verstehen, sondern zunächst ein theologisches Urteil über die heilsgeschichtlichen Aussichten des jüdischen Volkes, ohne daß ihm damit bereits das Existenzrecht bestritten würde, wie es die Rassentheorie des Nationalsozialismus tat. Gustav Nagel erscheint uns im Gegenteil erstaunlich hellsichtig im Blick auf den kommenden Krieg – es dauert ja immerhin noch fünf Jahre, bis er vom Zaun gebrochen wird.

Andererseits sind seine Antworten doch viel zu einfach. Zu einfach steht ihm z.B. das Kreuz als „*Siegeszeichen*" fest. An seinem weißen Steinkreuz, von dem noch unten die Rede sein wird, stehen die Worte: „*In diesem Zeichen wirst du siegen*". Das geht zurück auf die Konstantinlegende. Konstantin soll im Jahre 321 bei der entscheidenden Schlacht um die römische Kaiserwürde an der milvischen Brücke das Kreuzzeichen am Himmel gesehen und die Worte „*in diesem Zeichen wirst du siegen*" gehört haben. Daraufhin sei er, als die Schlacht gewonnen war, Christ geworden. Durch Konstantin wurde die lange Periode der Christenverfolgung im Römischen Reich offiziell beendet. Durch Konstantin hat es eine enorme Beförderung erfahren.

Gustav Nagel hat sich offenbar vorgestellt, daß ganz ähnlich die geistige Auseinandersetzung der Dreißiger Jahre entschieden werde. Er nimmt dann auch Bezug auf die kirchliche Lage. Die evangelische Kirche wurde zutiefst erschüttert, als die Nationalsozialisten die Gleichschaltung der Kirche betrieben und die Durchsetzung des sog. Arierparagraphen auch in der Kirche erwarteten. Sie zerschlugen die evangelischen Landeskirchen in den preußischen Ländern, so daß viele Gemeinden und ihre Pfarrer in große Bedrängnis gerieten.

Die sog. „Deutschen Christen" waren damals nationalsozialistisch gesinnte Christen, nicht ahnend oder zur Kenntnis nehmend, daß das ein Widerspruch in sich selbst ist. Dagegen gründete sich in den preußischen Ländern der „Pfarrernotbund", der aus der Illegalität gegen Gleichschaltung und innere Zerstörung der Kirche kämpfte. Ihr bekanntester Vertreter war Martin Niemöller. Doch wozu rät Nagel zu Pfingsten 1934?

„*deutsche kristen, und deutscher farrernotbund und di ir ewangelisch oder katolisch oder noch anders kristlich gläubig seid, reicht euch die hände zu gemeinsamen kamf, der unterschid eurer anschauungen ist nicht so gros, das er euch hindern könnte, in weiser fürsorglichkeit für euer gelibtes deutsches folk euch die hände zu reichen und fereint zusammen zu sten gegen den feind, der uns den hern nehmen möchte, den si in seinem götlichen wesen gar nicht ferstanden haben;*"

Nagel seinerseits hatte nicht verstanden, daß der „*feind, der uns den hern nehmen möchte*", auch im Innern der Christenheit sein konnte und die größte Gefahr nicht von den

Atheisten kam, sondern von Leuten, die Blut und Boden und Rassentheorie meinten, mit dem gekreuzigten Christus zusammendenken und -bekennen zu können. Freilich haben damals viele Christen die wirkliche Situation nicht durchschaut. Hierin einmal ist Gustav Nagel keine Ausnahme. Es darf angemerkt werden, daß sich auch Pfarrer Kannicht in dieser frühen Zeit des Nationalsozialismus offenbar den Deutschen Christen nicht völlig verschließen mochte. Was Nagel als politische Alternative vorschwebte, skizziert er kurz so: *„übrigens zeigte mir got nach dem neusten flaggenerlas in meinem tempel an der über dem altar befindlichen himmelsleiter das weiße kristuskreuz und der himmelsleiter zu füßen ligend di schwarz-weis-rote landesfane, das bedeutet, das deutschland wideraufstig zu freiheit, wolstand und glük mit entschidenem kristentum und auf dem fon den großen hohenzollern gelegten fundament, wofon als zulezt, das fon kaiser wilhelm I. und bismark gelegte und mit der schw.w. roten fane gekennzeichnete fundament masgebend ist... dann sa ich in richtung zwischen mir und der kirche nochmal das weiße kreuz groß dasten, wobei es his ‘in disem zeichen wirst du sigen’,“* (o.Datum)

An diesem vielleicht nicht ganz leicht zugänglichen Text wird deutlich, warum Gustav Nagel 1949 die Krönung eines neuen deutschen Königs in Arendsee betrieben hat. Die Verbindung von Thron und Altar bedeutete für ihn wie für viele vor ihm nicht zuerst die Sicherung einer Machtposition des Staates und der Kirche, sondern eine Garantie dafür, daß der Geist des Christseins wieder zur Blüte gelangen kann durch die Persönlichkeit des Königs, der aufgrund des eigenen Herzensbekenntnisses sein Volk zu moralischer Integrität und zum Aufblühen einer menschlichen Kultur führen würde.

Jochen Klepper hat in seinem großen Roman *„Der Vater“* dieser Idee ein würdiges und bleibendes Denkmal gesetzt. Auch wenn die Entwicklung nach dem Zweiten Weltkrieg ganz anders verlief, ist es doch zumindest vorstellbar, daß neben Demokratie auch andere Staatsformen möglich sind, wofür z.B. der „Kreisauer Kreis“ um Graf v. Stauffenberg und Dietrich Bonhoeffer in den Jahren 1943/44 recht konkrete Vorstellungen entwickelte. Was an Gustav Nagels Vorstellungen aber problematisch ist, ist der Rückzug auf Kaiser Wilhelm I. und Bismarck. Deutschland erlebte unter ihrem Regiment eine höchst problematische politische Blüte, und darin ein Fundament zu sehen, das mit dem Kreuz Christi ohne weiteres zusammenpaßt, mag zwar Nagel eingeleuchtet haben. Aber die (fast schematisch-beiläufige) Berufung auf Gott mit den einleitenden Worten *„übrigens zeigte mir got ...“* geht hier nicht an! Sie steht im Widerspruch zum zweiten Gebot, und die Christenheit geriet oft in größte Blindheit, wenn sie bestimmte politische Verhältnisse idealisierte.

Man kann allerdings Gustav Nagel zugute halten, daß er seine politischen Ansichten immer als sog. *„Friedensapostel“* vertreten hat. Davon zeugt oben bereits sein Weihnachtsaufruf zum Thema *„Solidaritätsempfinden“*. Am Frieden war ihm sehr gelegen. In dieser Eigenschaft hat er an Hitler und später an die alliierten Besatzungsmächte geschrieben.

Und hier können wir zu dem zurückkehren, was ich oben eine „Ur-Intuition“ genannt habe. Hier sind wir am sehr menschlichen Kern seines ganzen Wollens. In dieser Ur-Intuition der Liebe, des Einklangs und des Friedens kann man ihn verstehen und – wenn man will – mögen.

V.

Gustav Nagel war kein originärer christlicher Dichter, er war aber ein empfänglicher Mensch. Das zeigen neben seinen Stimmungsgedichten über den Arendsee die zahlreichen Versatzstücke aus evangelischen Kirchenliedern in seinen eigenen Texten. Gustav Nagel war vielleicht ein kindlicher Mensch (vgl. das abschließend zitierte Gedicht *„zum muttertag“*). Er verstand sich, das hoffe ich belegt zu haben, ganz als Christ. Das Urteil über ihn fällt dennoch, wie wir gesehen haben, nicht ungeteilt aus.

Sein Schicksal würde ich im ganzen ein tragisches, in gewissem Sinne auch ein bedauerliches nennen. Er konnte keine Ehe auf Dauer aufrechterhalten, er stand zeitweise vor der Aufhebung der Vormundschaft für seine Söhne, er war in Dachau und in Uchtspringe, viele hielten ihn für verrückt, die Arendseer trieben ihren Spott und grenzten ihn aus, wiewohl er die Stadt deutschlandweit bekannt machte.

Hatte er Freunde? Aus welchem Jahr das Gedicht *„zum muttertag“* stammt, kann ich nicht feststellen (seine Mutter war bereits 1897 gestorben). Es ist ein kindliches, ein unscheinbares, aber vielleicht sein Schönstes.

Anmerkungen:

1 Überarbeiteter Vortrag vom 9. Juli 2000 anläßlich des Gustav-Nagel-Tages in Arendsee, abgedruckt in *Altmark-Blätter*, 21.u. 28.10.2000.

2 Zur Biografie Nagels verweise ich auf E. Schwarz: „ich komme zu euch in friden – gustaf nagel“.

3 Es handelte sich um die Frage, ob Visionen, wie sie Nagel häufig berichtet, genuiner Bestandteil des Christseins sein können. Heute mutet diese Fragestellung im Blick auf die theologische Beurteilung seiner Persönlichkeit seltsam an, da sie nur zu einer äußerlich-formalen Klärung führen konnte, aber wenig zur Einschätzung einerseits der Inhalte seiner Aussagen und andererseits seines Geisteszustandes unter psychiatrischen Gesichtspunkten beiträgt.

4 Etwa *„wir danken alle got“*, ein Erntedankfestlied

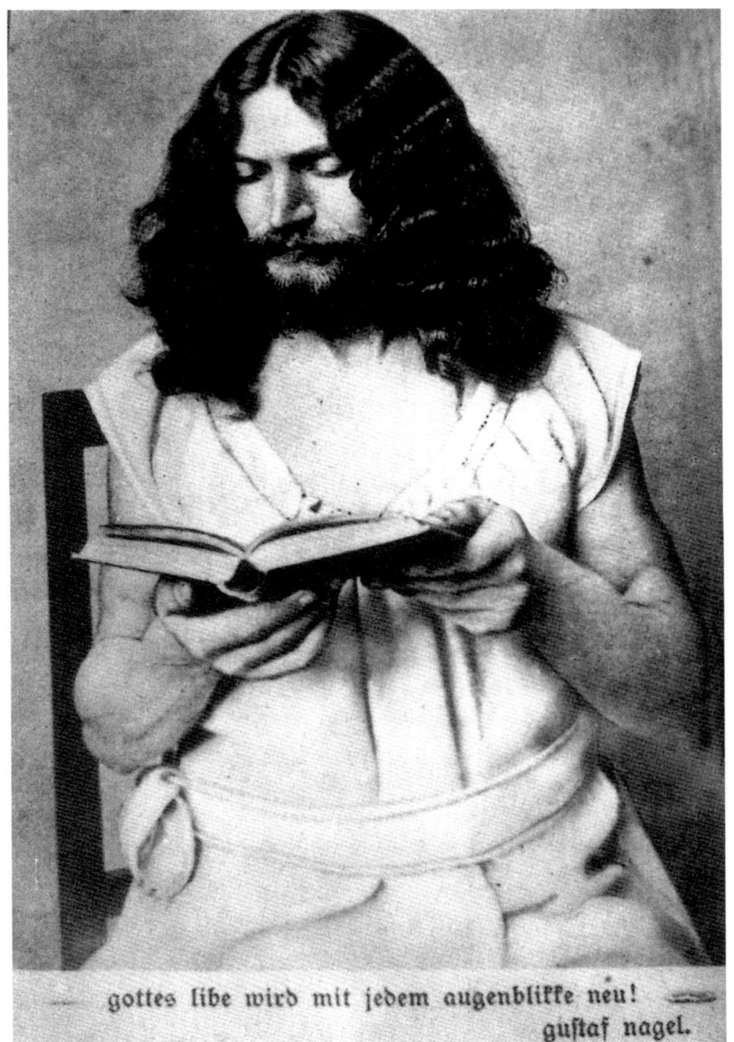

gustaf nagel beim Bibellesen

5 In diesem und den folgenden Texten begegnet uns Nagels eigentümliche Rechtschreibung, die sprachwissenschaftlich wohl kaum von Belang ist, vielen aber immer wieder interessant erscheint.

6 Einen umfassenderen Einblick bietet „*gustaf nagels erste tempelbotschaft*" von 1922: „*der mensch und seine bildung*", hier bes. S. 67ff; ich benutze die bei Gebr. Bethke, Magdeburg, gedruckte Ausgabe.

7 Dies gründlich zu erörtern, wäre zum Verständnis Nagels von erheblichem Gewicht, wäre jedoch ein eigenes Thema.

8 Brief an die Amtsbrüder Berner und Lässer vom 16.9.1936

Zum muttertag

Wen du noch eine mutter hast,
so danke got und sei zufrieden,
si trägt dich gern als ire last,
bitet di heimat dir hiniden,
und kerst du heim, aus weiter welt zurük
dich hat erkant sogleich ir libesblik
si fürt dich betend hin zu gottes libe,
das jesus hir dein guter hirte blibe;
du warst ihr herzig mutterglük,
als du noch klein lagst in der wige,
behütete dein fro geschik,
bei tag und nacht, das freude sige,
und plagte krankheit dich und not und we,
war sie bei dir, das hilfe dir gesche,
bat balsam stets bereit für für deine wunden,
das du mit gottes hilfe kanst gesunden;
die mutterlibe wirkt sich aus,
auf allen deinen lebenswegen,
bringt dich zurük ins faterhaus,
wen si ist from, mit gottes segen,
so sei die mutterlibe heut bekränzt,
wo sie hört auf, sie gottes lib ergänzt,
vom himmel noch sit sie auf dich hernider,
- der mutter wie ich heute meine lider;

gustaf nagel

11

Von Naturmenschen, Lebensreformern und Utopisten

am bester heilt dich
di natur,
folgst du mit got
irer spur.
kom zu mir, ich zeig
si dir.

gustaf nagel

gustaf nagel wird 1908 Ehrenmitglied des Luft und Wasser Clubs Nienburg

Von vielen Heimatfreunden besonders aus Arendsee wird Gustav Nagel heute noch als eine Besonderheit angesehen, er war jedoch nur ein, wenn auch ein sehr bekannter, Teil der lebensreformerischen Bewegung. Dabei ist der Name von Gustav Nagel in der Kirchengeschichte gar nicht so einmalig. Heimatforschern wird schon der Beiname „der jüngere“ in Archiven aufgefallen sein. Es gibt nämlich noch einen sehr bekannten Gustav Nagel, eben „den älteren“. Es handelt sich hierbei um den Prediger **Gustav Friedrich Nagel**, der am 19. März 1868 in Wengern geboren wurde. Er war neben Konrad Bussemer (1874-1944) und Otto Schopf (1870-1913) einer der bekanntesten Vertreter der Evangelischen Allianz in Deutschland. 1926 wurde er deren Vorsitzender. Durch zahlreiche Veröffentlichungen ist er, weit über seinen unmittelbaren Einflußbereich hinaus, einer breiten Öffentlichkeit bekannt geworden. Er steht für eine biblizistische, heilsgeschichtliche Theologie, deren Zentrum Christus ist.

Religiöse Äußerlichkeiten und eine gespaltene Christenheit stehen für Nagel im Gegensatz zu Wesen und Einheit des Christentums. Gustav Friedrich Nagel starb am 6. März 1944 in Hartenrod.

Doch zurück zu unserem Gustav Nagel, „dem jüngeren“. Der bekannte Experte auf dem Gebiet der Lebensreformer Prof. Dr. Ulrich Linse von der Fachhochschule München gab in einem Schreiben an den Autor folgende Einschätzung Gustav Nagels: *„Ein Sonderling im üblichen Wortsinne war Gustav Nagel nicht; sein Äußeres und seine Äußerungen erweisen ihn vielmehr als Anhänger von bekannten Alternativbewegungen im deutschen Kaiserreich; des Vegetarismus und der Naturheilbewegung, den beiden stärkten Strömungen der sogenannten 'Lebensreform'. In dieses Bild passen ebenso seine Impfgegnerschaft und seine Reformkleidung wie die Pläne für eine Freiluft-Kur-Siedlung oder seine Lob-*

preisung des Obstbaus. Selbst seine Schrift- und Rechtschreibreform hat hier Vorbilder, etwa bei Gusto Gräser (der über die Schriftreform hinaus seine dichterische Sprache durch viel Neologismen bereichert) oder bei dem Jugendstil-Künstler Hugo Höppener alias „Fidus" (der ebenfalls eher die Schriftreform im Auge hatte), wobei sich Nagel bekanntlich vor allem auf die Orthographiereform verlegte, die weit radikaler als die umstrittene heutige war. 'Fidus' war außerdem wohl der Anreger für Nagels 'Tempelbauten'. Auch seine 'völkische' Ausrichtung paßt in dieses 'alternative' wilhelminische Umfeld. Selbst seine Lebenskonversion; über die „unheilbare" Krankheit zum Bekenntnis zur Naturheilkunde, findet sich etwa schon beim Fidus-Lehrer Karl Wilhelm Diefenbach. Der Volksmund ordnete deshalb Nagel zu Recht dem zur Jahrhundertwende weiter verbreiteten Typus des „Kohlrabi-Apostel" zu. Auch sein „Wanderpredigertum" hat zeitgenössische Parallelen. Es dürfte ebenso in der „Nervosität" und Temposteigerung der Zeit eine Ursache haben wie in der Fluchtbewegung des Dichter-Bohemiens aus der bürgerlichen Verantwortung. Das Wandern des jugendbewegten „Wandervogels" war nur ein Sonderfall dieser Tendenz, entstanden ebenso aus pubertärem Kräfteüberschwang wie aus dem Aufschub des beruflichen und sexuellen Erwachsenwerdens durch eine Verlängerung der Adoleszenz-Phase. Daß Nagel auf seiner Wanderschaft die Brennpunkte der wilhelminschen „Gegenkultur" aufsuchte – Ascona oder Capri etwa –, ist weniger erstaunlich als sein „Pilgern" nach Jerusalem. Aber auch hier war er nur auf den Spuren seines Kaisers Wilhelm II., und der hatte von der Morgenland- bis zur Nordlandfahrt auch Modetrends der Zeit aufgegriffen und verstärkt, mit Wirkung bis in die Alternativkultur hinein.

Nagel war nur einer der „Propheten" seiner Zeit, und vielleicht ist auch sein besonderer Habitus einer

Der überzeugte Vegetarier gustaf nagel beim Betrachten seiner schmackhafter Äpfel

näheren Deutung zugänglich. In einer Studie über die „Mentalität der Wilhelminer" wurden Denk- und Verhaltensformen der zwischen 1853 und 1865 Geborenen als einheitlich geprägt durch das Bismarckreich, insbesondere vom Erlebnis der Reichsgründung – ohne daß sie jedoch an den Einigungskriegen noch selbst teilgenommen hatten – beschrieben. Durch diese Sozialisation sei ein besonderer „autoritärer Typus" entstanden, der gekennzeichnet gewesen sei durch „Autoritätsfixierung" (bezogen auf traditionelle Leitbilder und hierarchische Strukturen), „Assimilation" (Anpassung an ein fest umrissenes nationales Leitbild), „Harmonie-Orientierung" (Sehnsucht nach einer konfliktfreien Gesellschaft) und „Aggressivität" (gegenüber ausgegrenzten Minderheiten und Fremdnationen). Unter den „Propheten" gehört etwa **Joseph Weißenberg** (geb. 1855) den genannten Geburtskohorten an, und es lassen sich bei ihm unschwer einige der erwähnten Züge – etwa in der für ihn typischen Verbindung von „Kirche" und „Kriegerverein" – wiederfinden. Dagegen, so nochmals die genannte Studie über die „Wilhelminer", sei bei der nachfolgenden „jüngeren Generation" eine andere, wenn auch verwandte Mentalität sichtbar geworden, die nicht mehr vom nationalen Identifikationserlebnis der Reichsgründung geprägt gewesen sei. Die affektive Bindung an das Kaiserreich sei bei den nach 1865 Geborenen schwächer, die vier genannten speziellen Züge hätten sich abgeschwächt, die Kritik an allen Autoritäten und Werten des Kaiserreiches habe dagegen zugenommen. Dieser „jüngeren" und der ihr folgenden „jüngsten Generation" entstammen (mit dem Sonderfall des 1861 in Österreich geborenen Rudolf Steiner) die bekannten „religiösen" Propheten der deutschen Alternativszene vor und nach der Jahrhundertwende. Nach dem Geburtsjahr aneinandergereiht sind dies: Fidus (1868), Nagel (1874), Gusto Gräser (1879, in Österreich), Louis Haeusser (1881), Max Schulze-Sölde (1887), Friedrich „Muck"-Lamberty (1891). Diesen Nach-Wilhelminern war gemeinsam ihre fehlende Identifizierung mit den kirchlichen und staatlichen Großautoritäten des Kaiserreiches. Aufmüpfigkeit gegen jede Form von bürokratisch-„väterlicher" Bevormundung war ebenso eine Konsequenz wie die öffentlich inszenierte Provokation. Ihr Signal lautete: Ich-Stärke statt Gruppenidentität. In ihren Omnipotenzgelüsten freilich sind sie Erben der wilhelminischen Zeit.

Es ist allerdings unübersehbar, daß es sich bei den gerade Aufgezählten tatsächlich um zwei verschiedene „Propheten"-Generationen handelt. Dies bezieht sich nicht nur auf die Zeit ihres ersten Auftretens – die einen schon um die Jahrhundertwende (von Fidus bis Gräser), die anderen erst um und nach dem Ersten Weltkrieg (Haeusser bis „Muck"), sondern vor allem auf die Art ihres Auftreten: Je jünger das Geburtsdatum der genannten „Propheten", desto radikaler sind sie. So unterscheidet sich die Gruppe der „harmlosen" pazifistischen Zivilisationskritiker der Vorkriegszeit von den anarchisch-dadaistischen „Inflationsheiligen" der zwanziger Jahre. Zwar übernahm auch die „Propheten"-Generation der bis 1880 Geborenen nach dem Ersten Weltkrieg Elemente der später geborenen „Inflationsheiligen" – so etwa Nagel die politischen Macht- und Führungsansprüche im Stile eines Haeusser – aber ihr „lebensreformerischer" Stil hebt sie doch deutlich von den eigentlichen „Inflationsheiligen" ab, deren Prototyp eben dieser Haeusser war. Ihn nannte man spöttisch den „Lebemannpropheten". Denn wie sich einer aus seinem Kreis später erinnerte: „Die Propheten, von denen ich hier berichte, waren keine Naturapostel und Lebensreformer wie Gusto Gräser oder Gustav Nagel, obwohl sie wie diese ihre Bart- und Haupthaare lang trugen: sie aßen Fleischgerichte, rauchten Zigaretten, tranken Alkohol und hatten auch gegen die Liebe nichts einzuwenden (...)."

Die Reaktion der tonangebenden bürgerlichen Öffentlichkeit auf ihre anarchische Provokation war noch ablehnender als bei den lebensreformerischen „Naturmenschen". Auch diese waren nicht nur bespöttelt worden. Schon die religiöse „Schwarmgeisterei" der Vorkriegszeit war als „Krankheit" diagnostiziert worden. Die Lebensreformer skandalisierten zudem durch ihre Praxis der Nacktkultur oder die Militärdienstverweigerung, und Polizei und Staatsanwaltschaft traten ihnen entgegen. Der Angriff auf das staatstragende Bündnis von „Thron und Altar" wurde zurecht als Ablehnung der bestehenden Ordnung durch alternative Zukunftsmodelle wahrgenommen; „Weltgericht oder Revolution" waren hier nur zwei Spielarten des Anti-Wilhelminismus. Bei den Inflationsheiligen steigerte sich der gesellschaftliche Widerstand in offene Feindschaft: „Diese Außenseiter der Gesellschaft wurden von den Nationalen und Klerikalen, von den Sozialisten und Liberalen grenzenlos verachtet. Man bezeichnete sie als Wirrköpfe, Schwärmer, Träumer, Chiliasten, Sonderlinge, Käuze oder auch Jugendverderber, Asoziale, Staatsfeinde, Religionsfrevler, Schmutzfinken, Nestbeschmutzer, Volksverräter und Lumpen." Der Vegetarier Walter Hammer rief 1922, (in der „Psychopathen"-Nummer seiner *Jungen Menschen* wegen des jugendverderbenden Einflusses der „Inflationsheiligen" nach Gefängnis und Irrenhaus: „Wann endlich machen die Behörden ernstlich Anstalten, mit diesem gefährlichen Gesindel allenthalben aufzuräumen? Sind sie wegen ihres Größenwahns gerichtlich nicht zu belangen und fürs Gefängnis nicht prädestiniert, warum macht man diese Schädlinge dauernde Internierung oder sonstige Absonderung. Treiben sie nicht

Für gustaf nagel eine unbekannte Welt – Schaufenster einer Apotheke

mit den Behörden einen Unfug, der Staates Ansehen vollends untergraben muß?“ Die Weimarer Demokratie fühlte sich durch den theoretischen Gestus und die „politische Religiosität“ der „Inflationsheiligen“ herausgefordert; die Nationalsozialisten bekämpften sie zudem als „Asoziale“. Kriminalisierung und Psychiatrisierung waren die Konsequenz, auch für die „sanften Naturapostel“.

Das eigentliche Leitbild der Lebensreformer oder – wie sie ihn selber nannten – der Übervater war **Karl Wilhelm Diefenbach**.

Gustav Nagel besuchte ihn auf seiner Reise nach Jerusalem auf der Hin- und Rückreise auf Capri. Verbürgt ist jedoch nur das Treffen zu Ostern 1903.

Karl Wilhelm Diefenbach wurde am 21. Februar 1851 in dem kleinen mittelrheinischen Städtchen Hadamar geboren. Schon früh zeigte sich sein malerisches Talent, so daß er, gefördert durch seinen Vater Leonhard Diefenbach, der Zeichenlehrer war, nach dem Besuch des Gymnasiums in seiner Heimatstadt ein Studium an der Kunstakademie in München begann. Nach dem frühen Tode seiner geliebten Eltern im Jahre 1875 erkrankte er schwer an Typhus und nach einer Vereiterung des Bizeps- Muskel mußte ein Teil seines rechten Armes entfernt werden, so daß er befürchten mußte, nicht mehr malen zu können.

Nach seiner eigenen Entlassung aus dem Krankenhaus wird er der bedeutende Vorkämpfer für eine Reform der Ernährung und der Kleidung. Diefenbach trägt Reformkleidung und Sandalen, sein Haar ist schulterlang. Er kuriert sich selbst durch Wasser-, Luft- und Sonnenkuren sowie durch eine bewußt einfache Ernährung. Die Selbstheilung gelingt wie durch ein Wunder. Bei Wanderungen 1885 entlang der Isar findet er in einem alten verlassenen Steinbruch nahe Höllriegelsgreuth ein Verwaltungsgebäude, das er zu einer Künstlerschule umbaut. Er gründet hier 1887 die HUMANITAS-Werkstätte für Kunst, Wissenschaft und Religion. Sie wird als die erste deutsche Landkommune angesehen. Einer der Schüler ist Fidus, auf den später noch näher eingegangen wird. Hier entsteht eines der bedeutendsten Werke Diefenbachs, der auf 34 Tafeln gemalte und mit einer Gesamtlänge von 68 Metern wahrhaft imposante Silhouettenfries *„Per aspera ad astra*“. Er ist heute im Obergeschoß des Stadtmuseums zu sehen.

1889 verläßt er Höllriegelsgreuth und gründet in Dorfen eine neue Kunstwerkstätte. Ein Jahr später stirbt seine Frau und hinterläßt ihm die drei Kinder Helios, Stella und Lucidus. Nach einer Ausstellung für den österreichischen Kunstverein in Wien wird er als Maler bekannt und anerkannt. Nach Unterschlagungen seines Anteils an der Ausstellung verläßt er Wien und wandert mit seiner Haushälterin und den drei Kindern an den Gardasee. 1891 nimmt er als deutscher Delegierter am Weltfriedenskongreß in Wien teil. Durch die Bekanntschaft mit der Herzogin von Ferrari wird ihm ein längerer Aufenthalt in Ägypten finanziert (1896/97). Bereits 1890 siedelt er sich auf Capri an und heiratet hier 1903 seine zweite Frau, die Kindergärtnerin und Sprachlehrerin Mina Vogler.

Ob Gustav Nagel und seine hier kennengelernte spätere Frau Maria Anna Konhäuser, die auch Kindergärtnerin ist, engeren Kontakt zu Diefenbach und seiner Familie hatten, ist nicht bekannt, jedoch im Falle der Frauen durchaus anzunehmen.

Diefenbach baut sich die Villa Camerelle und einige Jahre später die Casa Grande an der Capreser Piazza. Hier unterhält er eine ständige Ausstellung und Malerschule. Er ist international anerkannt und finanziell abgesichert. Zu seinen Freunden zählen Maxim Gorki, Waldemar Bonsels und Robert Neumann. Am 15. Dezember 1913 stirbt er unverhofft an den Folgen eines Kletterunfalls.

Karl Wilhelm Diefenbach gilt als Bahnbrecher der Lebensreformbewe-

Der Veter der Naturmenschen – Karl Wilhelm Diefenbach mit Sohn Helios

gung und machte diese besonders in seiner Münchener Zeit weithin bekannt. Er ist auch ein Ideenbereiter der Nacktkultur, wie sie später nicht nur auf dem Monte Veritas unter anderem durch die sogenannten Lichtertänze berühmt wurde. Als Vegetarier, Pazifist und auch durch sein Äußeres wurde er ähnlich wie gustaf nagel oft angefeindet und mißverstanden. Durch seinen Erfolg als Maler war es ihm jedoch möglich, seine gesellschaftlichen Auffassungen auch vor einflußreichen Persönlichkeiten zu vertreten und auf Capri eine durchaus geachtete Persönlichkeit zu werden.

Sein Schüler **Hugo Höppener**, genannt **Fidus**, wird am 8. Oktober 1868 in Lübeck als Sohn eines Konditormeisters geboren. Sind es bei Diefenbach vor allem die äußere Ähnlichkeit und der Lebensreformgedanke, die ihn mit Nagel verbinden, so haben Gustav Nagel und Fidus vor allem ihre völkische Gesinnung und die dazugehörende Architektur gemeinsam.

Inwieweit Fidus Nagel künstlerisch inspiriert hat, ist nur Spekulation, doch sind Ähnlichkeiten in den Gedanken oft nicht zu leugnen. Die verbreitete Auffassung, daß sich Fidus und Gustav Nagel auf Capri kennengelernt haben, ist falsch, da Fidus 1903 nicht mehr auf der Insel weilte. Beide sind sich jedoch nachweislich in Berlin begegnet. Doch Fidus war sicherlich mehr an Künstlern ähnlich dem Friedrichshagener Dichterkreis interessiert, als an einen dauerhaften Kontakt zu Nagel.

Auch Fidus erkrankt wie Nagel und Diefenbach in der Jugend und wird erst mit 22 Jahren nach einer vegetarischen Schrothkur geheilt. 1887 lernt er Karl Wilhelm Diefenbach kennen und wird sein Schüler. Diefenbach ist es auch, der Hugo Höppener den Beinamen Fidus gibt, was lateinisch ist und der Getreue heißt. Diefenbach und Fidus befruchten sich in dieser ersten Phase seines Schaffens gegenseitig. Er lernt die

Theorien der Lebensreformer kennen und wird Vegetarier. Hier wird er zum Lichtanbeter, dieses Bild läßt Fidus sein ganzes Leben lang nicht mehr los, und es macht ihn auch bekannt.

1890 lernt Fidus den Theosophen **Wilhelm Hübbe-Schleiden** kennen, der ihn mit einer vegetarischen Schrothkur vom Lupusleiden heilt. Er geht 1892 mit nach Berlin-Steglitz, lernt hier die Mitglieder des Friedrichshagener Dichterkreises kennen und illustriert für sie sowie zahlreiche andere Naturalisten deren Bücher. Bekannt und begehrt war der Künstler vor allem als Jugendstil-Zeichner und Illustrator um die Jahrhundertwende.

Stand er zu dieser Zeit noch den Lebensreformern, Vegetariern, Wandervögeln und Theosophen nahe, so wurden sie nach 1900 immer entrückter. Er entwarf gigantische Tempelanlagen, von denen jedoch nur wenige publiziert und keine verwirklicht wurde. 1907 begann er, ein Haus mit Atelier in Woltersdorf-Schönblick nach eigenen Entwürfen zu bauen, in das er 1909 einzieht. 1912 gründet er den „St. Georgs Bund" zur ausdrücklichen Verbreitung seiner Werke, es beginnt eine umfangreiche Verlagstätigkeit. Zu seinem 60. Geburtstag 1928 erscheint eine Gesamtausgabe mit 700 Arbeiten. Auch Fidus kann sich dem völkischen Geist nicht entziehen und wird 1932 Mitglied der NSDAP. Doch die erhoffte Anerkennung blieb aus, seine Werke wurden abgelehnt, und er erhielt im Gemeinderat Redeverbot. 1943 wurde ihm der Titel „Prof.h.c." verliehen. Fidus starb am 23. Februar 1948 in Woltersdorf.

Neben den Einzelpersonen, die die Lebensreformbewegung prägten, gab es auch Kolonien, wo diese Ideen gelebt wurden. Als bedeutendste und bekannteste sei hier nur die auf dem Monte Verita genannt. Andere bedeutende Siedlungen waren die Künstlerkolonie Hellerau bei Dresden, wo sich Künstler wie Kafka, Rilke oder die Gebrüder Zweig neue Schaffenskraft holten, oder die Obstbausiedlung Eden bei Oranienburg. Diese von 18 Personen bereits 1893 gegründete Öko-Siedlung wurde sicherlich auch von Gustav Nagel besucht. Sie lag unweit Berlins, und die Lehren zum Beispiel von Franz Oppenheimer (1864-1943) über Obstbau und vegetarisches Leben waren ähnlich denen Gustav Nagels über die Gartenstädte. Inwieweit der Arendseer Wanderprediger die gesellschaftlichen Vorstellungen um ihre genossenschaftliche Bodenreform verstand, ist fraglich.

Eine wichtige Stütze der Lehren Nagels bildet bereits seit 1890 die Naturheilkunde. Ob es der berühmte Pfarrer **Sebastian Kneipp** (1821-1897) aus Bad Wörishofen war, der Nagel so stark beeinflußte, daß er zum Naturmenschen wurde, ist bis heute nicht endgültig bewiesen. Da Kneipp auch heute noch sehr bekannt ist, möchten wir hier auf eine kurze Vorstellung verzichten. In letzter Zeit wird immer häufiger **Friedrich Eduard Bilz** (1842-1922) in Verbindung mit Gustav Nagel gebracht. Bilz war zu seinen Lebzeiten ähnlich bekannt wie Kneipp. Er wurde am 12. Juni 1842 als siebentes Kind einer Gärtnerfamilie im sächsischen Arndorf geboren. Bereits 1882 veröffentlichte er sein erstes Buch *„Das menschliche Lebensglück – Ein Wegweiser zu Gesundheit und Wohlstand durch die Rückkehr zur Natur"*. 1890 siedelte er von Meerane über Dresden nach Oberlößnitz bei Radebeul über.

Eduard Bilz ging fast immer barfuß und hatte ein nasses, kühlendes Handtuch wie einen Turban um den Kopf. 1888 war bereits sein Buch *„Bilz, Das neue Heilverfahren, ein Lehr- und Nachschlagebuch für Jedermann in gesunden und kranken Tagen"* erschienen. Es wurde über 3.500.000mal verkauft und war ein echter Bestseller, der in zwölf Sprachen übersetzt wurde. Durch die Erträge aus den Büchern konnte er sich eine eigene Naturheilklinik errichten. 1895 wurde das erste Kurhaus fertiggestellt. 1903 errichtete er auf insgesamt 300.000 m² ein Licht- Luft-Bad, 1906 das Bilz-Bad. Hier kamen an Sonntagen bis zu 2.000 Menschen, um Erholung zu finden. 1911 baute er die erste Wellenbadanlage in Europa. Durch seine Bücher wurde er zu einem Vorreiter der Naturheilkunde in Deutschland und Europa. Als er 1922 starb, war er trotz vieler Anfeindungen vor allem von Ärzten und den Behörden ein wohlhabender und anerkannter Naturheilkundler, Lebensreformer und Geschäftsmann. Er war es auch, der mit der Mineralwassermarke „Sinalco“ den Durchbruch für die alkoholfreien Getränke schaffte.

Einer seiner Schüler war **Karl Gustav Emil Loest** (1866-1922). Er wurde bei Bilz zum Naturheilkundler ausgebildet und war vor allem durch die Erfindung von verschiedenen medizinischen Geräten bekannt. In Duderstadt unterhielt er ein Sanatorium, in dem er unter anderem in einem vier- bis sechswöchigen Aufenthalt auch Gustav Nagel ausbildete (um 1920).

Ein weiterer, heute leider kaum noch bekannter Naturheilkundler, Lebensreformer und Kämpfer für die Freikörperkultur war **Richard Ungewitter.** Er wird von Andreas Schmölling, einen Ungewitter-Experten aus Artern, wie folgt beschrieben: „Als einer der bekanntesten, produktivsten und wichtigsten Vertreter im Lager der völkischen Lebensreform gilt der Stuttgarter Autor und Verleger Richard Ungewitter. Mit seinem lebensreformerischen Gesamtwerk popularisierte Ungewitter hauptsächlich gesundheitliche und moralische Aspekte der Freikörperkultur, weiterhin die naturnahe Lebensweise und Ernährung. Nicht selten zogen seine Schriften öffentliche Diffamierungen und Anklagen, Gerichtsprozesse und Verbote seiner Schriften (bzw. Teile daraus) nach sich.

Das Licht der Welt erblickte Richard Ungewitter am 18. Dezember 1868 als Sohn eines Uhrmachers in der nordthüringischen Kleinstadt Artern am Kyffhäuser. In Eisleben und Rötha bei Leipzig wurde er später zum Gärtner ausgebildet und war in diesem Beruf tätig. Schon als Kind stets sehr kränklich, hatte Ungewitter bis in seine Jugendjahre mit einer schwachen körperlichen Konstitution zu kämpfen. Diese äußerte sich auf verschiedene Weise – von erhöhter Erkältungsanfälligkeit bis hin zu Augenkrankheiten, Hautausschlägen und Flechten. Zahllose Versuche, seine Leiden durch die Schulmedizin zu lindern, scheiterten. Erst der Kontakt mit der damals sehr populären Naturheilkunde, besonders in Person von Louis Kuhne, brachte Richard Ungewitter eine stabile Gesundheit. Er selbst, bis dahin den Genüssen des Lebens auch nicht abhold, entsagte sukzessive gegen Ende des 19. Jahrhunderts dem Alkohol, Tabak, Kaffee, Tee und nicht zuletzt der fleischlichen Kost.

Schon während seiner Arbeit im Gärtnerberuf widmete sich Richard Ungewitter der Veröffentlichung von Aufsätzen, erst zu Themen seines Arbeitsgebiets, aber auch bereits zu Fragen und Problemen der Gesundheitsförderung und Lebensreform. Vorübergehend weilte er in Norwegen, ehe er 1896 nach Frankfurt am Main zog. Nur kurze Zeit später übersiedelte Ungewitter nach Stuttgart, wo er bis zu seinem Lebensende ansässig war. Dort heiratete er 1897 Pauline Finkbeiner aus Nagold am Neckar, die Ehe blieb kinderlos. Richard Ungewitter machte sich selbständig und gründete einen eigenen Buchverlag. In diesem erschienen in den kommenden Jahrzehnten seine sehr auflagestarken Bücher. Es ist davon auszugehen, daß Ungewitters fünf Hauptwerke mit etwa 300.000 Exemplaren verkauft worden sind. Darüber hinaus publizierte er zahlreiche Aufsätze in verschiedenen Zeitungen und Periodika. Als Lebensreformer zwar persönlich sehr spartanisch lebend, war Richard Ungewitter in erster Linie Geschäftsmann.

Zu einer Zeit, da bereits der Anblick eines unbedeckten Fußknöchels einer Dame das Kleinbürgertum „beleidigen“ konnte, waren Ungewitters Kampfwerke, in denen er sich für

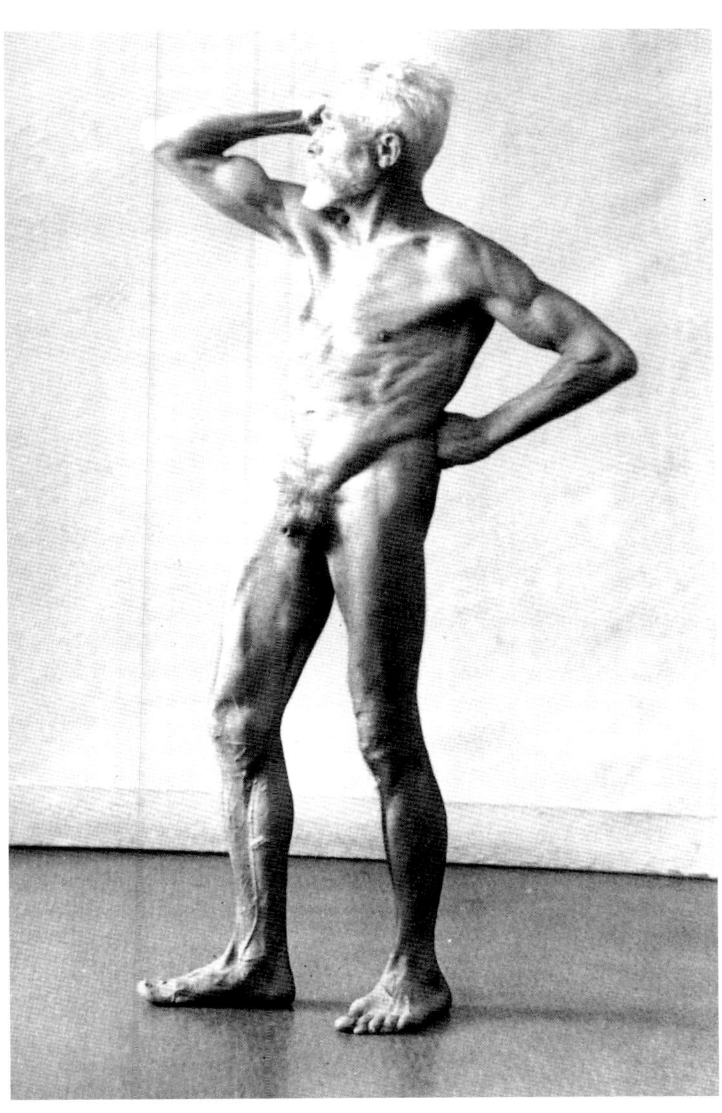

Einer der Pioniere der Freikörperkultur – Richard Ungewitter

Nacktkultur mit Licht- und Luftbädern sowie entsprechender sportlich-unbekleideter Betätigung in allen Nuancen einsetzte, in höchstem Maße skandalös, zumal die Bücher reich illustriert waren.

Begonnen hatte alles 1906 mit der Veröffentlichung von „*Die Nacktheit in entwicklungsgeschichtlicher, gesundheitlicher, moralischer und künstlerischer Beleuchtung*", gefolgt von weiteren inhaltlich sich sehr ähnelnden Werken wie „*Nackt. Eine kritische Studie*", „*Nacktheit und Kultur. Neue Forderungen*", „*Nacktheit und Moral. Wege zur Rettung des deutschen Volkes*" und „*Kultur und Nacktheit*". Neben der vehementen Propagierung der Vorzüge der Nacktkultur wettert der Autor darin natürlich ausgiebig gegen die zahlreiche Gegnerschaft und läßt in zahlreichen Zitaten eben diese, besonders aber seine Verteidiger und Anhänger zu Wort kommen. Thematisch in Richtung der Ernährungsreform – Ungewitter war ein entschiedener Gegner der eiweißreichen Ernährung – tendiert hingegen sein Werk „*Diätetische Ketzereien*" von 1907.

Doch Richard Ungewitter war nicht nur einfach Verfechter der Nacktkultur, er vertrat diese auch weltanschaulich sehr nachdrücklich – im völkischen Bereich. Zu zahlreichen, damals sehr bekannten deutsch-nationalen Populisten hatte Ungewitter Kontakte. Auch mit Gusto Gräser und Hugo Höppener, bekannt als Fidus, pflegte er Verbindung. Besonders in dem unter dem Eindruck des Ersten Weltkrieges geschriebenen Werk „*Deutschlands Wiedergeburt in Blut und Eisen*" – mit Ungewitter als Autor und Herausgeber – kamen diese vielfältigen Verflechtungen mit der völkischen und präfaschistischen Szene offenkundig zutage. Autoren wie Jörg Lanz von Liebenfels (Ariosophie), Theodor Fritsch (Zeitschrift *Der Hammer*) oder Ludwig Fahrenkrog (Germanische Glaubensgemeinschaft) lieferten Texte mit eindeutig deutschnationalen, antisemitischen, rassistischen und antiliberalen Ansichten bzw. Forderungen. Mithin kommen auch in Ungewitters Veröffentlichungen mehr und mehr genannte Aspekte in seinen Forderungen zur Nacktkultur und Lebensreform zum Tragen. Diese waren im 1910 auf der Basis einer Vorläufergemeinschaft gegründeten „*Treubund für aufsteigendes Leben*" auch für die Mitglieder dieser Vereinigung verbindlich. Die Mitteilungsblätter *Aufsteigendes Leben* dieser damals deutschlandweit organisierten Nacktloge sprechen ebenfalls eine deutliche nationalistische, antidemokratische und antijüdische Sprache, fordern u.a. ein Leben in Einfachheit und im rassenhygienischen Sinne.

Ebenso wie viele andere völkisch orientierte Lebensreformer, sah auch Richard Ungewitter mit der Machtübernahme der Nationalsozialisten vom 30. Januar 1933 seinen Kampf um ein deutsch-völkisches Lebensgefühl bestätigt. Dies, obwohl die Nationalsozialisten ein bekanntermaßen gespaltenes Verhältnis zur Freikörperkultur hatten. Mittlerweile 70jährig, erfährt Richard Ungewitter 1938 eine späte Würdigung seines Wirkens und wird zum Ehrenführer des Bundes für Leibszucht ernannt.

Zu Ende des Zweiten Weltkrieges wurde auch Richard Ungewitter ausgebombt. Im Rahmen der alliierten Zensur kamen gleich nach Kriegsende auch einige seiner Werke auf den Index der verbotenen Bücher. Ungewitter schrieb trotzdem weiter und veröffentlichte im Selbstverlag zu Anfang der 50er Jahre sein letztes Buch „Der Untergang der Menschheit". Dieses Werk bringt in gewisser Weise eine Zusammenfassung von Ungewitters Weltbild: Nacktkultur, Ernährungs- und Gesundheitsreform, seine vehemente Impfgegnerschaft, Probleme der politischen Ökonomie, auch Ökologie, bis hin zu Themen wie dem Weltraumflug, den er für gänzlich unmöglich hält. Nicht zuletzt sind im „Untergang der Menschheit" Gesichtspunkte anzutreffen, die Richard Ungewitter durchaus mit Ideen in Verbindung bringen, die sich Jahrzehnte später ökologische Bürgerbewegungen und sogar Parteien (wieder) zu eigen machten. Am 15. Dezember 1958 – drei Tage vor seinem 90. Geburtstag – ereilte ihn ein Schlaganfall und beendete sein Leben.

Ungewitter gilt als maßgebender Pionier der Naturistenbewegung. Mit seinem hartnäckigen Ringen um die Befreiung der Menschheit aus den Zwängen der Kleidung und dem Mief der Städte wird er heute als einer der erfolgreichsten Avantgardisten des Naturismus bzw. Nudismus völkischer Prägung in Deutschland angesehen.

Als sehr belesener Mann kannte Richard Ungewitter wohl zumindest aus den Zeitungen Gustav Nagel, denn sicherlich hat sich auch die schwäbische Presse auf Nagels Wanderungen und Auftritte in Deutschland gestürzt und diese gemeldet. Über einen persönlichen Kontakt ist nichts bekannt. Ungewitter war daran auch nicht sonderlich interessiert. Ich denke, daß er Nagel wohl eher für einen Skurrilen oder Narren hielt, obwohl sie eines innerhalb der Lebensreform verband: Sie machten damit gute Geschäfte. Sicherlich waren auch beide Vegetarier, zelebrierten einen Nacktkörperkult und schlugen sich mit Ämtern und Gerichten herum. Darüber hinaus war Nagel eher der christliche Schwärmer, während Ungewitter zu einer heidnischen, neogermanischen Religion neigte und diese innerhalb seiner Logen auch durchführte bzw. forderte. Nagel war der Wanderprediger, Ungewitter hingegen war seßhaft und hielt wohl nicht allzu viel von dieser Art Pilgerschaften. Er achtete auf ein sehr gepflegtes Äußeres, immerhin galt es, die germanische Rasse in würdiger Form zu repräsentieren. Beiden waren zwar deutschnational bis völkisch eingestellt, Ungewitter dies aber in viel größerem Maße als Nagel.

Gusto Gräser – einer der Mitbegründer der Außenseiter-Kolonie auf dem Monte Verita

Sind die vorgenannten Lebensreformer vor allem Künstler oder erfolgreiche Geschäftsleute, was man ja von Nagel nicht sagen kann, so ist **Gustav Arthur Gräser,** genannt **Gusto Gräser,** sein süddeutsches Gegenstück. Obwohl Gräser und Nagel sich wohl nicht persönlich kennengelernt haben, bestehen viele geistige Gemeinsamkeiten, doch die vor allem von Nagel vertretene christliche Grundeinstellung teilt Gräser nicht. Vom Bekanntheitsgrad her ist er dem Arendseer Wanderprediger durchaus gleichzusetzen, Gräser hat durch seine enge Bekanntschaft mit Hermann Hesse und Hans Thoma Zugang zu den Literaten um Gerhart Hauptmann und Bruno Goetz. Seine Kontakte und seine Ausstrahlung auf Dritte machen ihn wohl zum Interessantesten aller Lebensreformer. Martin Green vergleicht Gräser sogar mit Ghandi und schreibt: „Gräser war vielleicht das europäische Gegenstück zu Gandhi. Aber seine Weltanschauung war eine wesentlich andere: erotisch und naturverehrend."

Gusto Gräser wurde am 16. Februar 1879 in Kronstadt in Siebenbürgen als Kind wohlhabender Eltern geboren. 1900 gründeten er und sein Bruder Karl gemeinsam mit weiteren Querdenkern die anarchistisch-pazifistische Landkommune „Monte Verita" bei Ascona. Sie wird über Jahrzehnte der Treffpunkt für Menschen, die aus der bestehenden Gesellschaft ausbrechen wollen. Zwar vertreibt Oedenkoven nach Streitigkeiten Gräser aus der Kolonie, doch Gusto Gräser ist einer der formenden Gestalter dieser Kolonie, die ein freier Platz für alle Formen des Avantgardismus wird. Neben Politikern wie Lenin oder August Bebel kamen auch Literaten und besonders Ausdruckstänzer auf den Berg der Wahrheit, wie er von seinen Einwohnern genannt wurde. 1907 kam Gusto Gräser erneut in Begleitung von Hermann Hesse auf den

Monte Verita. Von 1916 bis 1918 wohnte er nochmals auf dem Berg im Hause seines Bruders Karl.

1910 begab er sich mit einem Wohnwagen in Begleitung von Elisabeth Dörr mit ihren fünf Kindern auf eine Reise durch ganz Deutschland. Er wird ähnlich wie Gustav Nagel wegen seiner Kleidung und seinen Vorträgen unter anderem aus Sachsen, Baden und Württemberg ausgewiesen. 1915 wird er aus dem ganzen Deutschen Reich ausgewiesen, gegen seine Ausweisung aus den Ländern protestieren unter anderem Max Klinger, Friedrich Naumann, Hans Thoma und Gerhart Hauptmann. 1913 nimmt er auf dem Hohen Meissner am Freideutschen Jugendtag teil. Während der Revolution 1919 und der Räterepublik in Bayern predigt er Gewaltlosigkeit und lebt mit Freidenkern wie Georg Schrimpf und Oskar Maria Graf zusammen. Gemeinsam mit seinem Freund Friedrich „Muck" Lamberty organisiert er den „Zug der Neuen Schar" durch Nordbayern und Thüringen. 1929 tritt er auf dem Vagabundenkongress in Stuttgart auf. Immer wieder wird er verhaftet und aus Deutschland ausgewiesen. Doch anders als Nagel wird er nie für unmündig erklärt und hat bedeutende Freunde, die sich für ihn einsetzen. Seine Zuhörer sind nicht nur das „gemeine Volk" sondern auch Künstler und Professoren. Nimmt man zum Beispiel seine TAO-Vorträge, so erkennt der interessierte Leser viele Ähnlichkeiten im Bezug auf gesunde Kleidung und Ernährung sowie der Wohnkultur zum Beispiel in Gartenstädten. Leider schweift hier Nagel immer wieder zu sehr in christliche Vorstellungen ab, die es sicherlich den Avantgardisten jener Zeit sehr schwer machten, ihn im Gegensatz zu Gräser ernst zu nehmen.

Auch Gusto Gräser gerät immer stärker in Konflikt mit den Machthabern im Dritten Reiches. Er verfaßt zahlreiche pazifistische Flugblätter und predigt wie Gustav Nagel offen gegen den Krieg. 1940 wird er verhaftet und erhält Schreibverbot. Er zieht sich nach München zurück, wo er auf Dachböden und Kammern wohnt. Nach dem Ende des Zweiten Weltkriegs fand auch Gusto Gräser nicht zu seiner alten Größe zurück, niemand wollte ihn mehr hören, und so starb er einsam und verarmt am 27. Oktober 1958 in München-Freimann.

Es ist besonders Hermann Müller zu verdanken, daß Leben und Wirken Gusto Gräsers heute wieder einer größeren Öffentlichkeit zugänglich sind und er nicht vergessen ist.

Mit Gusto Gräser starb 1958 der letzte und wahrscheinlich auch der bedeutendste „Kohlrabi-Apostel". Sie waren alle sehr unterschiedlich in ihren einzelnen Lebensidealen, sie reichten vom religiösen Gustav Nagel über den „Politiker" Ludwig (Louis) Christian Haeusser, Georg Schrimpf, Erich Mühsam oder Oskar Maria Graf, Künstlern wie Diefenbach, Fidus oder Hermann Hesse bis hin zur Wandervögelbewegung eines Muck Lamberty.

Doch alle verband die Lebensreformbewegung, deren Kern und ideologischer Motor der Vegetarismus war. Sie wollten eine Neugestaltung der individuellen Lebensweise im Einklang mit den Naturgesetzen erreichen. Sie verband der Kampf für eine Reform der Kleidung, der Ernährung, einschließlich Antialkoholismus und Vegetarismus. Sie engagierten sich für die Naturheilkunde sowie für eine Erziehungsreform. Gemeinsam haben sie auch die Erkenntnis, daß sich unter den zunehmenden industriell geprägten Lebensbedingungen eine naturgemäße Lebensweise nur sehr schwer realisieren läßt.

Ihre Ideen und Visionen sind heute jedoch Teil einer Bewegung, die – ähnlich wie in den 20er Jahren – wieder nach Alternativen zum hektischen vom Internet und den Börsen geprägten Leben suchen. Hierbei bietet unter anderen auch Gustav Nagel lesens- und nachdenkenswerte Anregungen und Alternativen.

12

Anekdoten über Gustav Nagel

fleischlos, fil obst und gemüse,
korn und ölfrucht genissen,
bewegung und arbeit in sonniger
natur und baden, gibt leichte
geburten, gesunde kinder und
stilfähigen busen.

gustaf nagel

keinen größern schaz
gibts hir auf erden,
als den geist der warheit haben,
damit meister
und auch künstler werden,
himlisch uns herz tut laben;

gustaf nagel
(aus „*der mensch und seine bildung*“, 1922)

Den Urlaubern und Besuchern unseres Luftkurortes Arendsee werden von den Einheimischen bei Fragen nach dem Leben des Gustav Nagel immer häufiger Anekdoten über das Leben des Wanderprediger erzählt. Diese werden erstaunlicher Weise seit seinem Tod im Jahre 1952 immer mehr, und jeder Erzähler beteuert natürlich, die reine Wahrheit zu erzählen. Zur Auflockerung möchten wir an dieser Stelle einige dieser Anekdoten niederschreiben, die natürlich keinen Anspruch auf einen großen Wahrheitsgehalt haben.

Wie Gustav Nagel versuchte, das Herz einer schönen Frau aus Leppin zu gewinnen.

Besonders auf die noch unverheirateten Frauen der umliegenden Dörfer hatte es Gustav Nagel nach der Scheidung von seiner zweiten Frau Johanna Reith abgesehen, versuchte er doch immer wieder, eine neue Lebensgefährtin für sich und für seine drei Kinder eine gute Mutter zu gewinnen. Natürlich war das trotz Zeitungsanzeigen und großer Bemühungen Nagels nicht ohne weiteres möglich. Nicht jede Frau wollte sein spartanisches Leben und das strenge Vegetariertum mit ihm teilen, und auch viele Väter hatten etwas dagegen, Gustav Nagel als Schwiegersohn zu bekommen.

Doch davon ließ sich Gustav nicht abschrecken, er zog in der ganzen Altmark hin und her und predigte auf den kleinen Marktplätzen oder vor der Kirche. Natürlich hatte er dabei immer auch ein Auge für einen Blick auf die Dorfschönheiten übrig, und wenn sie ihm gefielen, machte er ihnen kurz und bündig gleich ein für damalige Zeiten sehr unzüchtiges Angebot – sie sollten mit nach Arendsee kommen und mit ihm einen Jungborn gründen.

Oft lachten die Landschönheiten nur und gingen wieder nach Hause und Gustav in den nächsten Ort. Doch eines Tages sah er im nur wenige Kilometer von Arendsee entfernten Leppin ein bildhübsches Mädchen, das ihm, der gewohnt war, auch vor hunderten Menschen fließend zu sprechen, fast die Sprache verschlug. Er konnte keinen klaren Gedanken mehr fassen und träumte nur noch von der Leppiner Schönheit, deren Namen wir aus Gründen der Pietät doch lieber verschweigen möchten. Um ihre Aufmerksamkeit zu erregen, beschloß Gustav Nagel, ihr ein Ständchen auf der Trompete bei Mondschein zu bringen.

Er hätte wohl doch ein leiseres Instrument wählen sollen, denn jedes Mal, wenn er anfing, unterm Torbogen des Gehöftes sein *Ich bete an die Macht der Liebe* zu spielen, liefen das halbe Dorf und, was noch schlimmer war, die Hunde der Nachbarschaft zusammen. In wilder Hatz mußte der Liebestrunkene dann jeweils sein Heil in der Flucht suchen.

Nun war Nagel kein Mensch der nach dem ersten Versuch aufgibt, und schon am anderen Abend stand er wieder mit seiner Trompete „bewaffnet“ an der gleichen Stelle. Der Vater des schönen Mädchen war natürlich alles andere als angetan von dem allnächtlichen Werben, hatte er doch für seine Tochter schon einen anderen Freier im Auge, dessen Äcker „rein zufällig“ an die seinigen anschlossen. Daher legte er sich mit dem Dreschflegel bewaffnet auf die Lauer und wartete in seinem Versteck nur darauf, daß Gustav Nagel mit dem Spiel begann, und schon ging es los. Gustav mit seiner Trompete vorneweg und der Bauer mit seinem Dreschflegel immer hinterher. Dieses Schauspiel wiederholte sich mehrmals im Monat, war doch Gustav mit seiner Trompete erheblich schneller als der Bauer mit seinem riesigen Flegel.

Das Spiel wäre sicherlich zur Freude der Leppiner noch viele Wochen so weiter gegangen, wäre da nicht der heimliche Herzensfreund der Angebeteten. Er war achtundzwanzig Jahre alt und vor allem viel schneller als unser armer Gustav …

welche dame ist bereit, mit mir am arendse einen jungborn zu eröfnen, damit wir mit dem funde wucher treiben können, welches got hir am arendse als heilwert gab, es massiv goldig und stralend glänzend gesund machend auszuprägen.
gustaf nagel
– habe auch kirchen abzugeben –
(Zeitungsannonce 1934 aus dem *Arendseer Wochenblatt*)

Als Gustav Nagel seine Frau Eleonore des Mordes anklagte

Über die nicht verlöschende Manneskraft von Gustav Nagel wurden schon zu seinen Lebzeiten die tollsten Dinge geschrieben und wahre Wunderdinge in Arendsee erzählt. Es war nicht selten, daß man besonders ältere Männer heimlich einmal einen Salatkopf essen sah oder sie den Kaninchen beim Füttern eine Mohrrübe vorenthielten und diese dann selber aßen. Nicht wenige dieser Herren träumten davon, einmal so zu sein wie unser Gustav, immer potent und – wie sie fälschlicher Weise glaubten – auch immer als Platzhirsch auf der Wiese.

Tatsächlich war es ja bei Gustav Nagel auch so ähnlich, die natürliche Lebensweise ließ seinen Jungborn über Jahre nicht erlahmen, und nicht nur in Arendsee wußten die Leute, daß seine beiden ersten Frauen nicht zuletzt wegen seines ewigen Verlangens auf und davon waren. Wenn sie dann in ihre eigenen Schlafzimmer blickten – kein Vergleich.

Das Bild änderte sich rasch, als sie immer häufiger erfahren mußten, wie Nagels dritte Frau Eleonore ihm arg zusetzte. Er war nicht mehr der Jüngste, und auch seine Naturkost hatte den Kampf mit den natürlichen Alterungserscheinungen wohl verloren. Doch seine Eleonore war eine durchaus stark gebaute Frau im besten Alter, wie man so schön sagt, und sie hielt so gar nichts von fleischloser Ernährung und davon, daß Gustav zwar auch weiterhin mit Worten der Platzhirsch in Arendsee war, doch im eigenen Heim nur sehr mangelhaft das Feuer in Eleonore löschte.

So konnte er seine dritte Frau weder mit seiner Manneskraft noch mit Geld und guten Worten, wie es so schön heißt, glücklich machen. Bald schon lagen beide in Scheidung. Wie bei so vielen anderen Familien, war es auch bei den Nagels keine „saubere Sache“. Da seine Frau ihm, wie er mit Schrecken erkennen mußte, in vielem überlegen war und auch einen körperlich sehr robusten Eindruck machte, suchte Nagel sein Heil immer häufiger in der Flucht.

Eines Tages kam der arme Mann aufgeregt in die Arendseer Polizeistation gelaufen und klagte lautstark und in einem nicht endenwollenden Redeschwall seine Frau des versuchten Mordes an. Als er sich wieder etwas beruhigt hatte, berichtete er den gespannt lauschenden Polizeibeamten: „Meine Frau wirft die große eiserne Familienbratpfanne 20m weit und dies Millimeter genau.“

Auf die erstaunte Nachfrage der Beamten, was dies mit dem angezeigten Mordversuch zu tun habe, stellte sich heraus: Gustav Nagel ergriff nach einem großen Ehestreit schnellen Fußes die Flucht vor seiner tobenden Frau. Da er schneller laufen konnte als sie, wähnte er sich schon nach einen kurzen Spurt in Sicherheit. Doch seine Frau war nicht dumm, sie griff zur großen Bratpfanne, drehte sich wie ein Hammerwerfer einige Male um die eigene Achse und warf diese wie schon gesagt Millimeter genau in Richtung des noch völlig außer Atem stehenden Gustav Nagel. Der Erfolg war im wahrsten Sinne des Wortes niederschmetternd.

kenst du des gartens flegerin,
des hauses licht und guter stern,
wo's weib des lebens schönsten sin,
das schffen übt so treu im hern?

gustaf nagel (aus „*di edlen frauen*“)

Der streitbare Gustav Nagel

Kaum eine Institution, egal ob Post, Stadtverwaltung, Ortspfarrei oder gar das Finanzamt, blieb von kritischen und oft auch sehr merkwürdigen Schreiben aus der Hand von Gustav Nagel verschont. Besonders die Stadtverwaltung, das Postamt und das Finanzamt hatten es Nagel angetan. Er pflegte sich das Recht herauszunehmen, als von Gott Beauftragter auf irgendwelche Probleme oder Zustände seine Meinung der Obrigkeit kundzutun. Da die Ämter jedes Schreiben von ihm beantworten mußten, hatten sie besonders unter der eigenwilligen Rechtschreibung sowie seiner sehr ausgeschriebenen Handschrift zu leiden. Ein Beamter hatte sich sogar auf die Übersetzung und Beantwortung dieser Schreiben spezialisiert, wollte doch zum Beispiel der Osterburger Landrat neben dem Original gleich immer eine dieser Übersetzungen des Nagelschreibens haben.

Alte Arendseer erzählen nun in fröhlicher Runde oft über einen Streit, den Gustav Nagel mit dem Finanzamt in Osterburg hatte. Denn er sah nicht ein, warum er so viele Steuern zu bezahlen hatte, und bekanntlich will das Finanzamt immer mehr, als man bereit ist zu zahlen.

Dies war auch bei Nagel nicht anders. Auf dem Höhepunkt dieses Streites soll es zu einem schönen Schriftwechsel gekommen sein, über den auch heute noch hinter vorgehaltener Hand halb Arendsee lacht. Gustav Nagel adressierte nämlich wütend, wie er nun einmal werden konnte, sein Schreiben an das Amt wie folgt: „An das Viehnansamt“ – darüber konnten zwar die Arendseer lachen, jedoch nicht eben dieses Finanzamt. Es setzte vor dem Amtsgericht eine schriftliche Entschuldigung per Gerichtsbeschluß durch, die Nagel verpflichtete, sich öffentlich zu entschuldigen. Doch Nagel wäre nicht „der Nagel“, hätte er so einfach nachgegeben, und so hieß es in seinem Antwortschreiben unter anderen: „Hiermit entschuldige ich mich bei dem lieben Vieh, es frißt nur Gras und Heu, das Finanzamt aber mein Geld.“

Es war besonders für amtliche Stellen nicht einfach, irgendwelche Anordnungen bei Gustav Nagel durchzusetzen, konsequent ignorierte er sie immer wieder. Von einem anderen Streit, diesmal mit den Stadtvätern, erzählt man sich folgende kurze Episode.

Die Arendseer Gastwirte betrachteten schon lange mit Argwohn, daß Gustav Nagel für relativ wenig Geld auf seinem Gelände selbstgemachten Apfelsaft verkaufen konnte. Durch den Genuß dieses Apfelsaftes mußten viele Besucher des Paradiesgarten von Gustav Nagel eben auch einmal auf die Toilette. Der

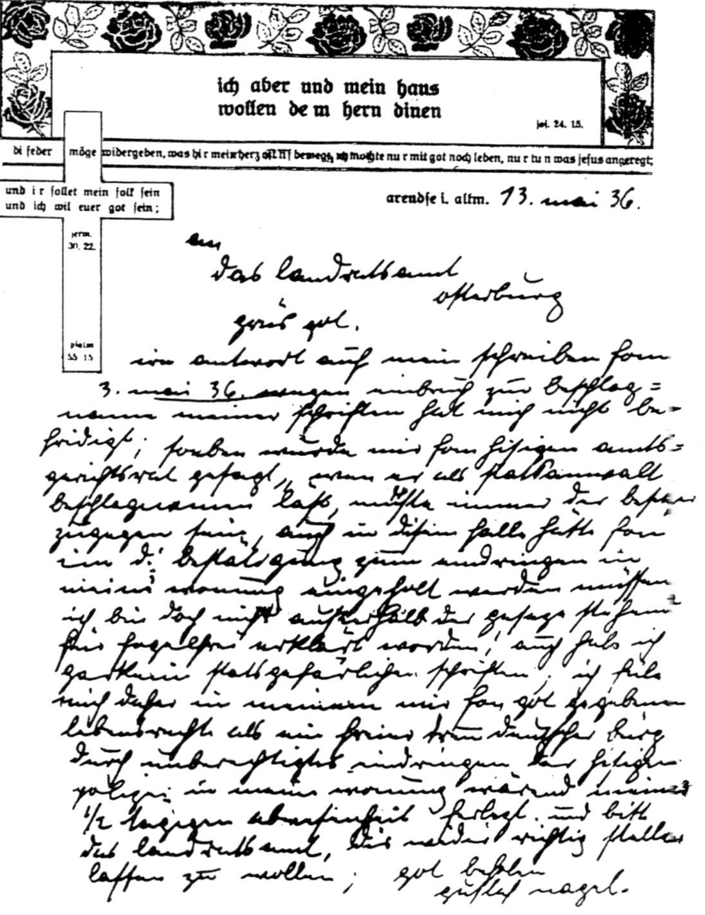

ich aber und mein haus
wollen dem hern dinen
jos. 24. 15.

di feder möge widergeben, was hir mein herz all... bewegt, ich möchte nur mit got noch leben, nur tun was jesus angeregt;

und ir sollet mein folk sein
und ich wil euer got sein;
jerm. 30. 22.

psalm 55. 15.

arendse i. altm. 13. mai 36.

an
das landratsamt
osterburg

Brief gustaf nagels an den Landrat von Osterburg vom 13. Mai 1936

Saft hatte nämlich eine sehr gute Wirkung als Abführmittel, doch diese Eigenschaft unterschlug Gustav Nagel natürlich den Gästen. So hatten diese nichts anderes zu tun als so schnell wie möglich in die Stadt zurückzugehen und, wie man es heute auch so gern macht, eine Gaststätte oder besser die Toilette der Gaststätte aufzusuchen.

Dies ärgerte natürlich die Gastwirte unendlich, und sie setzten bei der Stadt einen Beschluß durch, der Nagel aufforderte, entweder sofort eine öffentliche Toilette einzurichten oder mit den Verkauf des edlen Apfelsaftes aufzuhören.

Da Nagel keine Anstalten machte, ein solches Häuschen für die Allgemeinheit zu errichten, wurde ihm die Ausschankerlaubnis entzogen mit der Auflage, daß er, wenn er ein Häuschen gebaut habe, auch wieder Säfte auf seinem Gelände verkaufen dürfe. Immer wieder wurde er aufgefordert, endlich seine Toilette zu bauen, doch davon wollte er nichts wissen, wütend schrieb er an die Stadtverwaltung zurück: „wenn man nicht in meinem Garten trinken darf, dann braucht man hier auch nicht zu sch..."

(P.S. Gustav Nagel hatte tatsächlich in seinem Garten nie eine öffentliche Toilette.)

Wie Gustav Nagel die Dannenberger Bürger mit einem Wettlauf überraschen wollte.

In den 20er Jahren war Gustav Nagel – nicht zuletzt auch durch seine originellen Eulenspiegeleien – überall in Deutschland bekannt. Wo er auftrat und predigte, waren normaler Weise immer sehr schnell viele neugierige Menschen zur Stelle. Nur eines Tages wollte es im wendländischen Dannenberg einfach nicht so richtig klappen. Niemand wollte zu einer seiner Veranstaltung kommen, weder auf dem Marktplatz noch in der Gaststätte fanden sich genügend Zuhörer. Allerdings war das Wetter auch nicht so überragend, daß sich im verregneten Frühjahr groß einer auf die Straße stellen wollte, um eine Stunde oder länger Nagel zuzuhören. Doch Gustav Nagel war nicht dumm, er dachte sich eine List aus, um die Dannenberger Bürger doch noch auf die Straße zu bekommen.

Überall in der Stadt brachte er Zettel an, auf denen er darum bat, am Sonntag Nachmittag die Straßen frei zu halten, denn er wollte in einem Rekordlauf durch die Stadt schneller einen Rundkurs um die St. Johannis Kirche absolvieren, als der Kaufmann ... in seinem neuen Auto.

Bereits nach dem Sonntagsbraten stellten sich viele Bürger an den Straßenrand, um einen guten Platz zu haben, wenn Nagel und das Auto vorbeibrausten. So fanden sich unzählige Schaulustige ein, und sogar ein Fotograf und ein Reporter von der Zeitung waren da, um den Rekordlauf von Gustav Nagel mitzuerleben.

Als die Spannung am größten war und alle auf die beiden warteten, bemerkte einer der Besucher den Kaufmann, der ja – wie es Nagel angekündigt hatte – mit ihm um die Wette fahren sollte. Doch der wußte natürlich von nichts und war selbst auf den Wettkampf gespannt, denn nicht nur er hatte ein Auto, und er selbst dachte, jemand anders würde gegen Nagel antreten. Der aber ging gemächlich mit seiner Friedensfahne in der Hand durch die volle Hauptstraße und predigte vor jetzt ausreichend vielen erstaunten Zuhörern.

wilst du nicht den erdenschmuz
bist du auch zu nichts hir nuz
jesus sucht den sünder auf
reinigt deßen lebenslauf.

gustaf nagel
(aus „*der mensch und seine bildung*", 1922)

ANHANG

(Zum besseren Verständnis wurde das Programm vom Autor aus der Schreibweise Gustav Nagels „übersetzt“.)

Programm der Deutsch-christlichen (Mittelstands-)Volkspartei

Sei nicht optimistisch; die Furcht Gottes sei deine Stärke

Grüß Gott,

was denk ich wohl als deutscher Mann, wie sich das Reich erneuern kann?

Durch Gottergebenheit, Wehrhaftmachung des Volkes und Schaffung von Eigenheimen in sonniger Gartenstadt mit Obstbauernschaft.

Durch Schaffung von selbständigen Mittelstandswerkstätten und bleiben im Rahmen des Mittelstandes sämtlicher Berufe.

Durch sittliche Charakterbildung, bei persönlicher Freiheit im Gewissensbunde mit Gott, in Jesus Christus -Gewissensfreiheit.

Durch Gottvertrauen und Selbstvertrauen, gottesfürchtig und deutsch sein, nicht auf den Rat jener Völker hören, die sich uns als falsch und feindlich bewiesen haben, sondern den Rat Gottes hören und befolgen.

Durch naturgemäße Gesundheitspflege ohne Vorherrschaft der heidnischen Schulmedizin, da die Heilkunst vornehmlich eine Sache Gottes und seiner Priester und von ihm begnadeter Heilkundiger ist; durch freie Heilkunde.

Durch geschwisterliche kirchliche Gemeinschaftspflege und Offenherzigkeit der ehelichen Liebe zur Harmonie und Fruchtbarkeit des Lebens.

Durch Schaffung von Weideschulen mit Nacktkultur, Turnen, Schwimmen, Sport und Kraft bei edler Geistes-, Körper- und Wirtschaftskultur.

Der Glaube macht’s;

Jesus Christus ist das Licht der Welt, mache dich auf und werde Licht. Nichts ist das elektrische Licht gegen das Licht der Sonne, menschliches Erbarmen ist eng begrenzt, christliches Erbarmen ist tiefer wie das Meer. Wie sich am Nordpol bei der größten Kälte das Meer am tiefsten aufstaut, so ist auch christliches Erbarmen dort am größten, wo die Sünde am mächtigsten geworden ist.

Nur Jesus allein kann uns helfen an Leib und Seele, auch wirtschaftlich, und kann uns zusammen schmieden wie Hindenburg ruft „ seid einig, seid einig“. Jesus Christus ist das Haupt der einen allgemeinen christlichen Kirche, und im Kreuz von Golgatha haben wir Gottes Bild auf Erden vor Augen zu haben. Worin sich die Stimme Gottes als die Wahrheit noch heute in Gesichtern und Visionen, Wahrträumen und deutlichen Worten offenbart, während alle anderen Geister mit anderen Zeichen böse und

mystische Geister sind, die immer auf einen Irrweg führen. Darum soll man nicht die Geister befragen, weil man leicht einem bösen Geist, der uns umschmeichelt anheim fallen kann, sondern man soll immer unterm Kreuz von Golgatha Gott befragen und dann auf die Stimme des

Herzens achten. Gott und unser Herz sind wie Rundfunkapparate gegenseitig empfänglich. Beide wie Sender und Empfänger, die sofortige Verbindung zwischen Gott und Mensch haben. Das Kreuz von Golgatha verscheucht die bösen Geister wie das Licht die Finsternis.

Auf meinen Jesum freue ich mich, Jesus ist das Beste, er ist der gute Hirte, er weidet mich auf grüner Aue und führet mich zum frischen Wasser und schenkt mir voll ein, er erquicket meine Seele.

Jesus hat nach dem 1. Gebot Gott über alles gefürchtet, über alles geliebt und über alles ihm vertraut, so daß er auch zu der Zeit, da er am Kreuz verlassen war, das Vertrauen zu Gott nicht wegwarf, sondern ihn seinen Vater und Gott nannte: „Mein Gott, warum hast Du mich verlassen?" Sein Herz konnte weder zur groben noch zur subtilen Abgötterei verleitet werden. Unser deutsches Volk aber warf, als es im Krieg den Kreuzestod leiden mußte, das Vertrauen zu Gott weg und kapitulierte um jeden Preis, wo unsere Soldaten alle noch im internationalen Kreis standen, vergaß, sich rechtzeitig in den nationalen Kreis zur endgültigen Verteidigung zurückzuziehen, wollte sogar die Religion abschaffen, las ich doch in einer Propagandaschrift mit der Überschrift: „Wie werde ich Sozialdemokrat!" Wie dort geschrieben stand: „Wir kommen nur zu unserem Ziel, wenn wir die Religion abschaffen".

Die Religion ist das gute Gewissen, ist der Verkehr mit Gott. Die Folge der Religionslosigkeit ist, daß man sich auf keinen Menschen mehr verlassen kann. Es ist alles Lug und Trug geworden. Es gilt nicht mehr ein Mann ein Wort, und der Geist der törichten Jungfrau, die die Haustür verschlossen finden wird, hat von der breiten Masse Besitz ergriffen. Es ist alles so hohl und ohne tiefgründige sich opfernde Hingabe. Man weiß nicht mehr, wozu uns Gott als Mann und Weib geschaffen hat.

Jesus Christus ist der Brunnquell der Liebe.

und Gott spricht: „Die Liebe ist das höchste Glück", aber die Menschen haben die Liebe und ihre Fruchtbarkeit beiseite gesetzt, so daß man jetzt, wie festgestellt ist, ca. 800.000 ungeborene Kinder im Mutterleib bei uns tötet, um keine Kinder mehr zu haben. Also so viel wie ein stehendes Heer von 800.000 Mann ausmacht, welches Gott jetzt von uns wieder zu organisieren verlangt.

Da wieder jeder 10. Mann Soldat werden soll,

das Kämpfen ist nun einmal unser Los, spricht Gottes Stimme. Kämpfe bis zum Sieg, als ich 1902/3 nach Jerusalem pilgerte, um mir dort an den heiligen Stätten neue Gewißheit offenbaren zu lassen, ob ich noch so weiter wirken soll oder nicht, weil ich soviel Unverständnis, Hindernisse und Spott und Hohn fand, da führte

mich Gott in der Nacht zu Bethlehem im Geiste an eine Meeresbrandung, furchtbar brach sich die Flut, hinter mir stand im Nebel gehüllt ein alter, kaum noch sichtbarer König, und es hieß, der neue König müßte jung und frisch aus der Brandung wieder hervorgeholt werden, und ich war freudig bereit, hineinzutauchen und kannte keine Furcht. Somit wollte mir Gott damit sagen: du mußt so weiter kämpfen. Auch wenn du umbrandet wirst, denn nur aus dem Kampf kannst du das Ideal wieder königlich jung und frisch hervorholen, ohne Kampf kein Sieg.

Darum braucht der Mann, der hinaus muß ins feindliche Leben, muß kämpfen und wirken und streben, um so mehr am Busen seiner Ehefrau den Ruhepunkt seiner Liebe.

Wir brauchen starke Männer und gute Frauen als sittliche Persönlichkeiten.

Die Sittlichkeit der Liebe liegt nicht außerhalb, sondern innerhalb der Ehe und dort in der fruchtbringenden Bewertung beider Körper zusammen. Denn Gott spricht „einen anderen Mann lieben ist Sünde, ein Weib aber, welches dem eigenen Manne die Tür zum Herzen verschließt, ist des Todes schuldig. Zur inbrünstigen Liebesbegegnung fällt das Weib hin, dann breitet der Mann seine Arme aus und drückt sein Weib von Herzen an seine Brust und hat sie herzinnigst lieb. Ehen dürfen nicht von den Eltern, sondern müssen im Himmel geschlossen werden. Rühret nicht daran, damit eure Kinder nicht unglücklich werden.

Gott grüß euch deutsche Frauen,

Hold umrahmt vom Schmuck der Haare,
vom Scheitel bis zur Sohle, schönes Bild
deutsche Frauen euch Gott bewahre
die Liebe die so gern des Mannes Schild,
wo echte Weiblichkeit Gehilfin ist.

Himmlisch liegt in Busens Fülle
ein Born der schönsten Triebe- Harmonie.
Opfert ihr das Herz die Hülle,
erwachet deutsche Frau, liebet sie
die Helden, lieb den Mann,
dem Weib du bist.

Bleibt, wozu euch Gott geschaffen,
die Krone voller Zweige, edle Frau.
Helft, das deutsche Volk aufraffen,
seid fruchtbar, euren Manne Lebensau.
Der Born euch nie versiegt bei Jesus Christus.

Laßt die Inbrunst wieder fluten,
von neuem zu empfangen Mutterschaft
fachet an der Liebe Gluten.
In euren Kindern lebe deutsche Kraft,
versäumt nicht eurer Liebe Gnadenfrist.

Werdet wieder voll Freude und heiligen Geistes.

Was ist Gott? - Gott ist die Liebe.

Gott schickte einem reichen Manne für seine einzige Tochter einen schliden Bräutigam mit himmlischer Liebes- und Gnadenfülle, das sie ihm zu seiner hohen Lebensaufgabe Gehilfin und sie recht glücklich werde. Da ergrimmte der reiche Mann über den schlichten Bräutigam, demütigte und vertrieb ihn, weil er von seinem Reichtum verblendet des Bräutigams Göttlichkeit nicht sah. Gott macht's anders, er sieht das demütige Herz an. Ein armer Sünder kam zu Gott und rief aus: „Gott sei mir armen Sünder gnädig“, da schickte Gott, der ewig reiche, seinen eingeborenen Sohn Jesus Christus auf die Erde, daß er sich für diesen armen Sünder bis zum Tode am Kreuz opfere.

Da wurde der Sünder rein und ein Kind Gottes, lebte glücklich und zufrieden, fühlte sich, als wäre er der reichste Mann geworden und wurde ewig selig.

Diese Opfertat vollbrachte Jesus auch für dich, was tust du für ihn?

Sei kein Tor, komm zu den Heiland, komme noch heute.

Gott spricht: **„ich bin der Herr, dein Arzt“.**

Jesus Christus, die Apostel und noch heute Priester des Herrn, betrachten es als ihre vornehmste Aufgabe, von Gott begnadete Heilkundiger zu sein, und sie haben alle ohne approbiert zu sein, ohne Medizin, die durchschlagendsten Heilerfolge erzielt. Der selige Pfarrer Kneipp machte mich mit seiner Wasserkur gesund, wo Ärzte nichts helfen konnten.

Darum verlangen wir **Loslösung der Heilkunde vom Staat, gleiches Heilrecht für alle.** Verlangen **Gewissensfreiheit** auch beim Impfzwang. Der Naturarzt macht durch Hitze und Fieberfeuer zu Fleisch und Knochen gewordene Krankheiten, auch Verkalkungen, flüssig und bringt sie mit Hilfe der Naturheilkunde ohne Operation zur Ausscheidung. Fieberkrankheiten heilen wir durch feuchte Umschläge, Bäder, Güsse, Licht und Sonne. Lehm und Früchte auch durch Rüben, Salat usw. Auch haben wir im persönlichen Lebensmagnetismus ein sicher wirkendes Heilmittel. Während die Impfung dies fiebernde Heilbestreben lahmlegt und dafür schwer heilbare chronische Nervenleiden schafft.

Du mußt baden, im Untertauchen liegt das Leben, geh warm ins Wasser, bade kurz, sorge stets für Wiedererwärmung, **dann bekommst du Energie. Atme voll und tief,** die Lunge ist der Blasebalg. Geht die Atmung voll und tief, brennt das Lebensfeuer. Dann geht die Verdauung und kann die Gesundheit geschmiedet werden. Stockt die Atmung, brennt kein Feuer, dann stockt die Verdauung, dann kommen die Krankheiten. Nimm den Stock zwischen die Ellbogen, mach Atemgymnastik. Leider baut die Schule den Kindern durch 5stündiges krummes Sitzen in stickiger Luft einen nach gewölbten Oberkörper, gibt's schlechte Atmung und schlechte Verdauung und viele kranke Kinder. **Gott verlangt**, daß die Schulkinder die erste Stunde frühmorgens von 7-8 Uhr hinauslaufen ins Freie, damit sie Atemgymnastik machen und erfrischt werden. Darum hab ich meinen Tempel, worin ich schlafe, so bauen lassen, daß mich die Morgensonne weckt. Dann stehe ich mit ihr auf, bade und laufe auch ein Stündchen durch den Wald. Dort wirft meine Lunge den ganzen Schmutz heraus, werde ich auch meine Lauheit und Sorgen los, und es ist mir, als brächte ich mit einem erst leeren Körpereimer einen vollen frischen Lebenstrunk mit nach Haus. Sind Körper und Geist erfrischt und sprudelts den ganzen Tag aus meinem Inneren hervor. Diese Frühstunde ins Freie ist für jedermann, der nicht draußen arbeitet, von großem Segen.

Die beste Heilkunde liegt darin, daß man sich am Sonnenpunkt festhält und nicht in die Großstadt und Großindustrie zieht, wo man nichts mehr von der Sonne gewahr wird, sondern auf dem Lande und in der Gartenstadt bleibt, wo die Wohnstätte, die Werkstätten und Schlafstuben von der Sonne umspült werden.

Unser 3. Lebensparagraph lautet **„Die Herrlichkeit des Herrn soll jedermann offenbar werden“.** Hierzu gehört auch die Herrlichkeit der Schöpfung, jedermann soll auf eigenem Grund und Boden ein eigenes Familienhaus haben können, dazu verlangt Gott, daß ich mich hinter den ältesten Mann stelle, um ihn das Wohlstandsgebiet des Mittelstandes vorzudringen und muß ich dafür eintreten, daß Großgrundbesitz beim Verkauf nur in Umwandlung zu Mittelbesitztümern von 4 bis höchstens 40 Morgen weiter veräußert werden darf. Wo Großgrundbesitz nicht verkauft wird, muß er mit der 4. Generation an eigene Angehörige in Mittelstandsbesitztümer aufgeteilt sein. So gibt ein Rittergutsbesitzer dem einen Sohn das Stammgut, den anderen Söhnen davon je 50 Morgen Land zur Obstbauernschaft, die er gleich von klein auf mit ihnen anpflanzt. Gibt jedem seiner Mitarbeiter gegen solide Bezahlung zuerst 1 Morgen Land, mit der offengelassenen Möglichkeit, sich durch Fleiß und Sparsamkeit bis 4 Morgen dazu erwerben zu können und daß auch der gewöhnliche Landarbeiter, der mit seinen 8 Kindern bislang in einer elenden Kate ohne Land lebte, auch seine 1 Morgen Eigentumland erhält. Solche Mittelstandsgliederung bringt, wie die praktische Erfahrung bewiesen hat, die charaktervollsten edelsten Menschen zum glücklichen Wohlstand und zur Hebung des gesamten Volkskörpers hervor und macht den Rittergutbesitzer würdig, ein hoher Ritter der christlichen Kirche genannt zu werden.

So muß auch der Staat als Großgrundbesitzer einen Teil gegen solide Bezahlung abgeben und muß auch ein Bauer seinen Töchtern, wozu auch die vom Hof gehenden Söhne gehören, bei der Verheiratung 1-2 Morgen Land mitgeben, damit sie sich darauf ansiedeln können zu vervollkommnen haben. Hierzu müssen Gartenstädte mit höchstens 8.000 Einwohnern, mit einstöckigen Familienhäuschen, mit Vor- und Hintergarten und draußen etwas Ackerland und Weideschule mit Nacktkultur, Turnen, Schwimmen, Sport und Gesang geschaffen werden und müssen Laub- und Nadelwaldungen, Obst- und Nußhaine, Anlagen und Promenadenwege bis in das Weichbild der Ortschaft hinein hinreichend gesicherten Platz behalten.

Werdet Obstbauern
lebt vegetarisch.

In der Obstbauernschaft ist die goldene Wirtschaftsrose erblüht, spricht Gottes Stimme. Wenn dies die Regierung erfaßt und unsere Obstbauernschaft fördert und schützt und Obstmärkte eröffnet, dann blüht sie wirklich zum Wohlstand auf. Leider müssen wir teures Auslandsobst essen und das gute köstliche deutsche Obst fehlt.

Gott setzt die ersten Menschen in den paradiesischen Obstgarten hinein, wo sie an nichts Mangel litten, aber Gott wollte nicht nur zeitlich, sondern ewig mit seinen Geschöpfen wie ein lieber Vater mit seinen lieben Kindern in himmlisch-seliger Harmonie zusammenleben, dazu bedürfen die Menschen erst noch einer Erziehung zur freiwilligen ganz entschiedenen Unterwerfung unter seinen Willen, daß sie sich wie ein Pferd von ihm lenken und zügeln lassen, darum gebot er **„Ihr sollt essen von allerlei Bäumen und Kraut“**, nur von dem einem Baum sollt ihr nicht essen. Zügellos aber aßen sie grade von dem verbotenen Bäumen, weshalb sie wieder aus dem schönen Paradiese verstoßen wurden. Nun hatten sie einen falschen Geschmack bekommen, nun wollten sie Fleisch essen, Gott ließ es ihnen zu, aber wieder mit der Bedingung, daß sie sich auch darin von ihm zügeln lassen. Aber wiederum stürzten sie sich bis heute zügellos gerade auf das ihnen als unrein verbotene Schweine-, Hasen- und Kaninchenfleisch. Obst reinigt das Blut, Obst ist sehr nahrhaft, Äpfel regelmäßig gegessen geben Intelligenz und körperliche Geschmeidigkeit, daher sich Vegetarier oft im Sport den 1. Preis holen. Sie haben keine krankhaften Hemmungen mehr im Fleisch und in den Muskeln.

Kam nach dem paradiesischem Ungehorsam der Fluch zur Schmerzensgeburt, kommt durch Vegetarismus mit Sonnen- und Wasserbädern wieder leichtes schmerzloses Gebären, wie erwiesen ist. Ich selbst entwickle meine Werke als Vegetarier leicht und gebe sie auch leicht als ausgereift ab, während mir dies vordem schwer fiel. Ortschaften, die intensiv Obstbauernwirtschaft treiben, haben viel mehr Geldeinnahmen als Ortschaften mit Viehzucht. Köstlich erquickt mich mein Obstgarten, jeder Fruchtbaum ist mir wie ein süßer Schatz, **hast du einen Raum, pflanze einen Baum, pflanze Nußbäume.**

Trink Wasser, trinke Fruchtsäfte, trinke Milch.

Gottes Stimme spricht: Wenn ihr Alkohol trinken wollt, müßt ihr euch auch darin von mir zügeln lassen, **mehr wie 10 Glas á 15 Pfennig dürft ihr nicht trinken;** und länger als bis 12 Uhr nachts dürfen Schankstätten nicht offen bleiben. Alle ihr Wehr- und Stahlhelmleute, macht auch ihr euch dies zum Gesetz, damit nicht euer stattlicher Baum vom Säuferwurm zerfressen und untauglich wird. Darum segnet und begnadet Gott noch heute solche Menschen, die sich auch in der Nahrungsauswahl und Menge von ihm zügeln lassen, vegetarisch leben und nüchtern bleiben zur höchsten Meister- und Künstlerschaft. Daniel aß nur Gemüse und trank Wasser und wurde von Gott zum erfolgreichsten Staatsmann befähigt, unter dessen Führung es vom Volke heißt: **„sie aßen und tranken und waren frohen Mutes“**, waren also bei ihm sicher im Wohlstand geborgen.

Solch eine gute Danielführung braucht auch jetzt unser liebes deutsches verirrtes Volk. Dazu setzte mir Gott in meinem Tempel in Jesus Christus einen Stuhl als Tempelwächter, in welcher Eigenschaft Gott zu mir im Wahrtraum, im Hellgesicht, in Visionen und deutlichen Worten spricht, und mir über alle wichtigen Angelegenheiten, die unser deutsches Volk und Vaterland betreffen, seine Ansicht kund gibt und wie ein eindringlicher Wecker warnt, wo Gefahr im Anzuge ist und dringend darauf aufmerksam macht, was Not tut. Hierzu äußerte sich als gerichtlicher Sachverständiger Herr Dr. med. von Roden: „Herr Nagel, Ihre Visionen stehen mit den Visionen des Saulus auf gleicher Stufe“; wozu noch Herr Pastor Hatradt als gerichtlicher Sachverständiger bezeugte: „wenn die Vision des Saulus, die seine völlige Umkehr bewirkte und damit zum Grundpfeiler der Kirche wurde, Sinnestäuschung war, dann wäre der ganze Aufbau der Kirche nichts anderes als die Tat eines Unsinnigen, das aber könne er nicht glauben, und **unser Gott sei so groß, daß es sich noch heute in Gesichtern und Visionen offenbaren kann.** Somit hat mir nicht nur die medizinische Wissenschaft, sondern auch noch die Kirche, die Möglichkeit meiner Offenbarungsstimme von Gott bestätigt.

Mit dieser Offenbarungsstimme sah ich den gewesenen Weltkrieg 4 Jahre vorher, dann sprach Gottes Stimme zu mir „halte dich nach rechts und weil wir uns bei Ausbruch des Krieges alle nach rechts hielten waren wir siegreich. Erst als gegen Gottes Willen nach links abgeschwenkt wurde, verloren wir durch Zersplitterung den Krieg. Seit 4 Jahren spricht Gottes Stimme immer schon wieder von einem kommenden Weltkrieg, daß wir dazu wieder **Helden von Stahl und wehrhaft werden müssen**, daß sich die, die im letzten Krieg die Waffen weggeworfen haben, die Waffen freiwillig wiederholen müssen, danach also die Tributpflichtig und wirtschaftliche Lahmlegung noch so bedrückend werden wird, das es unerträglich wird.

Noch furchtbarer werden die Folgen des wiederkommenden Weltkrieges sein, wenn wir ihn ohne Gottes Führung, ohne Einigkeit und ohne Nüchternheit und ohne Wahrhaftigkeit kommen und sich auswirken lassen, dann wird sich diese Vision erfüllen: **„Es war keine Wehrmacht mehr da**, der große Weltkrieg war wieder ausgebrochen, wir aber konnten uns nicht mehr genügend verteidigen.

Die Entente drang mächtig vor, der Franzose war wieder hinterrücks in unser Land eingedrungen und man konnte zu ihm nur noch sagen, „bitte, bitte, gehen Sie wieder fort“, anders konnte man ihn nicht mehr zurückdrängen. Dies Offenbarungsbild veränderte sich sehr schnell, schneller als man denken kann, die Nahrungsmittel waren alle geworden, nur noch von der Entente hörte man sagen, „wir haben noch ein Reservatstück“. Plötzlich war alle Wehrmacht verschwunden, es kämpften geistig nur noch die übrig gebliebenen führenden Persönlichkeiten, man mochte mit einem Stuhl auf sie losschlagen, weil sie so ungerecht waren, aber auch dazu reichte die Kraft nicht mehr aus. In ganz Deutschland war kein Mensch mehr zu finden, es konnte kein Mensch mehr dem anderen zuwinken, der ganze Erdboden glich einer verfaulten Masse, woraus noch ein versinkender Menschenarm hervorsah, man sah die Menschen noch in den Wolkensäulen wie mit verbrannt davonziehen.

Diese völlige Vernichtung wird möglich, wenn Gott seine schützende Hand von uns zieht, weil dann die Feinde ihre großen Flugzeuggeschwader über uns wie ein schweres Gewitter zusammen ziehen und von allen Seiten ihre schweren Tanks heranbringen und dann loslassen können was sie darin aufgestapelt haben an Giften und Gasen und Explosivstoffen, wo dann von uns nichts mehr übrig bleiben wird.

Großes Unheil kommt über Deutschland, darum wollen wir wieder wie Gott es will an jedem Sonntag in Massen in die Kirche gehn, niemand kann sich aus der Luft etwas vorpredigen und Gottes Wort auslegen lassen, dazu brauchen wir Diener Gottes, auch solche die nicht studiert Christus selbst erlebt haben, damit auch sie in der Kirche zur Glaubenserweckung und Vertiefung das Wort ergreifen können und wir wollen so vor Gottes Altar treten wie sich uns Gott ausgedacht hat, der Mann mit schönem Vollbart und üppigen Haar, das Weib mit ungeschnittenem langen Haupthaar und lieblich weiblicher Brust, welches uns Gott hoch anrechnen wird. Dabei sollen sich die verschiedenen christlichen Kirchengemeinden wie evangelische, katholische, Adventisten, Babtisten, Sabbatisten usw. gegenseitig als Brudergemeinden betrachten und Christi Worte bedeuten: **daran wird man erkennen, das ihr meine Jünger seid, so ihr Liebe untereinander habt;** Pastoren, Bischöfe und Päpste sind immer nur Hirten und dienen der allgemeinen christlichen Kirche, niemals das Haupt selbst, welches ist **Jesus Christus, gestern und heute, derselbe bis in alle Ewigkeit,**

Jesus ist der Mensch, welcher als lieber Freund und Bruder, starker Helfer und Erlöser zu uns kommt. Daß uns Gott nicht mehr ein unbekannter unpersönlicher Gott ist, sondern uns als lieber Vater personifiziert ist, der seinen eingeborenen Sohn Jesus Christus gesandt hat zur Erlösung für viele zur ewigen Seligkeit.

„Du bist mein Bruder, ich bin dein Bruder“

„Kein Bruder hat das Recht einem anderen die Freiheit zu nehmen“ lautet ein mir von Gott übergebener Lebensparagraph. Somit ist nicht offenes Gefängnisleben dem lieben Gott ein Greuel, ist es doch die beste Zuchtanstalt für andauernde und Schwerverbrecher denen es den Stempel dazu aufdrückt, sondern ist es auch gegen Gottes Vaterwille, wenn man einem Menschen die Freiheit zum Bauen auf eigenem Grundstück nimmt. So verwehrt man mir schon seit Jahren im Anschluß an meinen Tempel am Arendsee, auf eigenem Boden mit 3,50 Meter breitem Zufahrtsweg immer wieder den Bau eines Wohnhauses, in letzter Zeit sogar hartnäckig den Bau eines Wohn- und Pensionshauses, während sich ein Doktor der Medizin schon hintereinander das 4. herrschaftliche Haus bauen durfte. Alle meine Beschwerden, selbst bis zum Reichspräsidenten von Hindenburg blieben erfolglos.

156 Hausbesitzer von Arendsee hatten durch Unterschrift diesen ihnen sympathischen Bau gewünscht. Wie auch ein Arendseer Tischlermeister fragte, Herr Nagel, wann beginnt ihr Bau? Wir brauchen Arbeit und ein Wittenberger Oberkellner ausrief, Herr Nagel, es ist eine große Torheit, daß man Ihnen die Baugenehmigung vorenthält, ihr Kurhaus hebt den ganzen Fremdenverkehr, wo sie weltbekannt sind. Wie sich ja auch jeder Arbeiter mit staatlicher Beihilfe ein Haus bauen kann und ich, der ich als Deutsch-christlicher Mann für die Gesundung des Volkes und des Mittelstandes eintrete, sollte nicht bauen dürfen? Als hätten wir schon eine einseitige Diktatur schlimmster Art, während Gott parlamentarische Gleichberechtigung aller Stände ver-

langt. Davon 7 Parteien der Maßstab für den Reichstag sein soll.

Wir verlangen Freiheit zum Bauen für jedermann bei Gartenstadtgliederung, auf eigenem Grund und Boden, das gebe Gott.

Im Hause muß unterm Kreuz von Golgatha das Familienleben gepflegt werden. Die Frau soll die Krone sein und muß so leben, daß sie ihre Kinder selbst stillen kann und der Mann soll die Führung haben. Die Religion bietet ihm zur Erziehung der Kinder die beste Handhabung auch gute Wirtschaftsführung. Unser Lebensschiff wächst, braucht mit der Zeit mehr Menschenbelastung. Kinderreiche Familien schwimmen sicherer durchs Leben, sie haben die rechte Belastung. Bringen auch die tüchtigsten Männer und Frauen hervor, wir brauchen Volksreichtum, Volksarmut richtet uns zugrunde.

Wir sollen Deutschland über alles lieben,

als Deutsche sollen wir sr. Exzellenz von Hindenburg achten und ehren. Von Hindenburg hat sein Werk noch nicht vollbracht, hat noch keinen siegreichen Erfolg für uns verzeichnen können, hat seine Kriegsernte den Feinden lassen müssen, zu diesem Erfolg brauchen wir noch sr. Exzellenz von Hindenburg.

Hindenburg, du hehrer Greis
Bezwinger vieler Schlachten,
vom Eichbaum schmückt ein Edelreis
dein Bild, das wir betrachten,
Gott erhalt`s.

Hindenburg, du tapferer Held,
Bezwinger der Parteien,
du bläst, das schallt durch unsre Welt,
„seid einig“, die Schalmeien,
Gott erhalt’s.

Hindenburg, du erster Mann
im deutschen Vaterland,
du bist’s der uns retten kann,
befrei’n von Schmach und Schande,
Gott erhalt’s.

Hindenburg, du Feldmarschall,
umgürte deine Lenden,
und bau um Deutschland einen Wall,
dazu wollns Herz wir spenden
Gott erhalt’s.

Hindenburg, geh du voran,
ums Kreuz wollen wir uns scharen,
dann komme,
was noch kommen kann,
Gott wird das Reich bewahren,
Gott erhalt’s.

Hindenburg, Reichspräsident,
du trägst die schwere Bürde,
mit Gott führst du dein Regiment,
trägst alles hier mit Würde,
Gott segne dich.

Hindenburg, du starker Held,
wünsch, daß dich Engel laben,
dich grüßt die ganze deutsche Welt,
Gott schenk dir Himmelsgaben,
Gott behüte dich.

Wenn alles uns verloren ging,
die Ehre müssen wir retten,
daß wir sind deutsch,
hoch und gering,
Gott hilf, zu sprengen die Ketten.

Wie dem deutschen Volke, hat Gott auch den Hohenzollern einen Raum zur Buße gegeben. Gott will sie zurück gerufen haben, darum glaube ich, daß sie sich vor Gott gedemütigt haben, daß sie wieder bei Gott in Gnade stehen.

Gott offenbarte mir bildlich, **das Schicksal des deutschen Volkes ist mit dem Schicksal der Hohenzollern wie das Solinger Zwillingspaar eng verknüpft**, was den Hohenzollern passiert, auch uns passiert und umgekehrt, beide zusammen bleiben müssen, soll es uns wieder gut gehen.

Weiter sprach Gottes Stimme: **„Wenn man von jedem Deutschen so schlecht denken wollte, wie man jetzt von den Hohenzollern denkt, dann würde an uns allen nichts gutes übrig bleiben“.** So wäre es wohl nur zu wünschen, wenn recht bald, lieber heute als morgen die Hohenzollern wieder auf den Thron kommen.

Schwarz-weiß-rot ist die Fahne, die ich auf Gottes Geheiß als deutsche Fahne hissen muß.

Steh auf mein Deutscher Kaiser,
Wach auf, mein Herz und singe
vom Schlaf in dunkler Nacht,
ein Auferstehungslied,
schon sprießen Edelreiser dem Kaiserreich, hoch klinge,
von neuem – Frühlingspracht.
wie es Gott der Herr beschied.

Wach auf, Held Barbarossa,
Wir wollen nicht Vasallen
komm großer Friedrich her
von Frankreichs Herrschaft sein
kein Gang ist's nach Canossa,
wir wollen zur Kirche wallen,
kein Deutscher machts euch schwer.
zum Thron im Glorienschein.

Noch lebt das Kaiserwetter,
historisch sonnig schön,
komm Jesus unser Retter,
lass uns den Kaiser sehn.

Was ist die Ewigkeit?, die Ewigkeit ist die Beständigkeit. Hier ist alles unbeständig, ich hatte hier einmal alles wonach ich mich gesehnt hatte. Hatte meinen Gott, hatte Frau und Kinder, hatte ein ideales Heim, hatte Gesundheit, Beruf und mein tägliches Brot und hatte die Herrlichkeit der Schöpfung. Kaum hatte ich dieses Familienglück im Bild festgehalten, schloß mein Weib ihr Herz für mich ab. Aus war's mit meinem Eheglück, in der Ewigkeit ist immer alles vollkommen. Aus geöffnetem Himmel hielt mir Gott gleich zu Anfang meines Wirkens eine goldig strahlende Krone entgegen als wollte er mir sagen, erntest du auf Erden Undank, Spott und Hohn, im Himmel ist dein Lohn.

Es hieß einmal zu mir, der König will in den Freudensaal ziehen, ich sah noch einen Pastor, sagte meiner Frau Bescheid, und dann öffnete sich der himmlische Freudensaal. Eine blendende Strahlenpracht empfing mich. Ich sollte zum Königsthron kommen. Dazu fühlte ich mich zu gering, als ich dann seitwärts ging, sah ich dort auch einfache Leute sitzen, als wollte mir Gott damit sagen: Du kannst mal plötzlich abgerufen werden, aber weil du Glauben hast, kommst du gleich in den himmlischen Freudensaal, wo hinein auch einfache Leute kommen, wenn sie Glauben haben. Es wurde mir einmal die Scheidewand zwischen Himmel und Erde fortgenommen, stand ich mit einer Hälfte in der himmlischen, mit der anderen in der irdischen Welt und alles, was wir hier sehen, war mir als wär's von der himmlischen Welt in diese Welt hinein gesetzt. Man konnte von dort hier hinein sehen, und der Tod war überwunden. Somit ist das gläubige Sterben nur ein Hinübergehen in eine andere Welt, oder dies Leben ist ein abgegrenzter Raum der Ewigkeit, wo alle durchmüssen, um geläutert zu werden. Gottes Stimme spricht: Wenn der Mensch gestorben ist, dann ist er ein Astralkörper, das ist ein Wesen ohne Leib, das ist die jauchzende Seele spricht Gott. Nun ist sie frei von dem, was irdisch sie bedrükkte, beschränkte, womit sie hat leiden und kämpfen müssen, nun ist sie geläutert, nun jauchzt sie im Himmel, bekommt sie den verklärten Leib.

So jauchzt auch mein Herz, denk ich an meine ewige Seligkeit und die Gewißheit mit Christus selig werden zu können gibt mir immer wieder Kraft, mein Leben für mein Ideal einzusetzen, mich immer wieder über alles hinwegheben zu können. Diese Glaubensgewißheit wünsche ich auch dir, lieber Leser, liebe Leserin, es ist eine köstliche Beruhigung zu wissen, Jesus Christus, das Licht der Welt, ist bei uns, kann uns die Macht der Finsternis nichts, kann uns der Teufel nicht den Himmel rauben, das walte Gott.

tretet meinem
Deutsch-christlichen-Mittelstands Volksbunde bei,
kirchliche Bedenken gegen den Eintritt in den Deutsch- christlichen Volksbund liegen offenbar nicht vor,
gez. Pfarrer Arthur Voigt Gr.w

Für Bundesabzeichen 1 Mark, 1 Tempelbotschaft und Porto sind zusammen 2 Mark einzusenden.

Herausgegeben und von mir zu beziehen

Meine Kameruner Erklärung	0,40
Meine erste Tempelbotschaft	0,75
Mein Gedichtsbuch „der morgengrus	1,50
Postkarten	0,10, 0,15

got befolen

Arendsee i. Altm., Januar 1929

gustaf nagel
Wanderprediger und Tempelwächter

Das letzte Paßbild Gustav Nagels

Personenregister

Inhalt

Danksagung

Für freundliche Hilfe und Unterstützung danken die Autoren:
Heinz Bräuer in Rostock, **Ulrich Linse** in München, **Helga Weißgärber** in Bernau, **Dieter Schulz** in Finowfurt, **Hermann Müller** in Knittlingen, **Jürgen Loest** in St. Marien Ueffeln, **Andreas Schmölling** in Artern, **Christine Meyer, Ursula Zogbaum, Dietrich Wiencke, Jürgen Kirsch**, der Familie **Schindler** – alle aus Arendsee, der Sekundarschule „August Bebel“ in Blankenburg/Harz, dem Fremdenverkehrsamt in Hadamar, dem Fremdenverkehrsamt in Mardorf, dem Heimatmuseum Arendsee, dem Heimatmuseum Rathenow, dem Kreisarchiv Osterburg, dem Landeshauptarchiv Sachsen-Anhalt sowie allen Bürgern, die durch ihre unendliche Hilfsbereitschaft dieses Buch erst ermöglichten.

Reno Metz
Eckehard Schwarz